DICCIONARIO

DE LOS

TÉRMINOS DE MARINA

FRANCESES-ESPAÑOLES

Y

ESPAÑOLES-FRANCESES.

AF452410

DICCIONARIO

DE LOS

TÉRMINOS DE MARINA

FRANCESES-ESPAÑOLES

Y

ESPAÑOLES – FRANCESES;

En el que se ha puesto un Tratado de Pronunciacion
de cada Lengua.

DEDICADO AL EXCELENTISIMO SEÑOR
TENIENTE GENERAL DECRÈS,
Ministro de Marina y de las Colonias ;

Por C. L. LHUILLIER, Teniente de Navío,

Y

C. J. PETIT, Secretario del Teniente General ROSILY,
Director é Inspector del Depósito General de Marina.

SEGUNDA PARTE.

EN PARIS,

EN LA IMPRENTA DE DELANCE Y BELIN.
1810.

TRATADO
DE PRONUNCIACION

DE LA LENGUA FRANCESA,

AL USO DE LOS ESPAÑOLES.

PRONUNCIACION.

La pronunciacion de la lengua francesa es diferente de la ortografía : cada una camina por diferente rumbo, pronunciándose de un modo, y escribiendose de otro : de cuya discrepancia nacen reglas diferentes que requieren una explicacion particular; por lo qual tratarémos de las dificultades de la pronunciacion de esta lengua.

ARTICULO PRIMERO.

Del Alfabeto, y Letras en general.

El Alfabeto es el mismo en ámbas lenguas, excepto que el español tiene la *ch, ll,* y *ñ* mas que el frances.

En ámbos idiomas se dividen las letras en vocales y consonantes. Vocal es la letra que por sí sola puede pronunciarse, y formar un sonido perfecto y único, como : *a, e, i, o, u.*

Consonante es la letra que no puede manifestar su sonido por sí sola, y á la qual es menester juntar el de alguna vocal, como en *b, p, f, m,* etc. donde se manifiesta el sonido de *e,* pronunciando *be, pe, efe, eme,* etc. Tal es el modo de deletrear en castellano, que es muy opuesto al frances, como se demuestra mas abaxo.

ARTICULO II.

Modo de deletrear en frances, para conseguir una buena pronunciacion.

Para conseguir una buena pronunciacion, se debe observar que el modo de deletrear del castellano, no solamente es poco analógico á la pronunciacion francesa, sino que le es contrario, en cuya conseqüencia se deben pronunciar las consonantes unidas á la *e* muda, sonidos que deben oirse de viva voz, y no es otro sino el que suena (algo ménos fuerte) en *feu, peu,* etc.

Cartilla para deletrear en frances, haciendo la e muda.

Be, Ce, Che, De [Fe , Phe , Ge , Je (1)], *Gue, Gne* (2), *He, Ke , Le , Me , Ne , Pe , Que , Re , Se , Te , Ve , Xe , Ze.*

NOTA. Se debe poner especial cuidado en que no suene la *e* castellana ; la que en la diccion siguiente , *suspente de la vergue de civadière,* haria pronunciar, *suspenté dé la vergué dé civadiéré,* lo que formaria una pronunciacion viciosa, que se llama *gasconne.*

ARTICULO III.

Reglas generales que deben observarse en la pronunciacion.

REGLA PRIMERA.

Todas las letras iniciales de diccion se pronunciarán como en castellano, ménos *j, x, z,* y las composiciones de *Ch, Ge, Gi.*

---

(1) *Fe* y *phe* tienen una misma pronunciacion de *fe;* y *ge, je,* una misma de *je.*

(2) Gue, ñ.

REGLA II.

No se pronunciará ninguna consonante final, á excepcion de F, L, M, N, R, y algunas veces la C (1); ó quando se halle la dicha final antes de vocal inicial de otra diccion.

REGLA III.

Se pronunciarán (con pronunciacion francesa) todas las letras de los nombres propios extrangeros á la lengua francesa, que habrán pasado á ella sin alteracion alguna de su orígen primitivo, como en *Jupiter*, *Mars*, *Vénus*, etc. pero si la voz está algo francesada, siganse las reglas dadas, para las demas voces.

REGLA IV.

Toda consonante doble (esto es, dos *bb*, dos *cc*, etc.) se pronuncia como simple, pero arrastrando un poco la voz.

REGLA V.

A excepcion de las letras *f*, *h*, *l*, *m*, *n*, *r* y *s* que son de dos géneros, todas las otras son masculinas.

REGLA VI.

Se pronuncia larga la silaba final en los plurales, sea nombre, ó verbo.

REGLA VII.

Toda regla dada para una voz primitiva, tendrá igual fuerza en la derivada.

Advertencia. En los exemplos que darémos de la pronunciacion se pondrá para la mayor inteligencia, 1°. la voz francesa como se escribe; 2°. su significacion en

---

(1) La R tambien dexa algunas veces de pronunciarse.

español; 3º. como debe pronunciarse imitando los sonidos españoles; y como en estos no se encuentran los de la *u* francesa, de la vocal *eu*, y de la *n* nasal, nos valdrémos de las letras siguientes para advertir sin equivocacion dichos sonidos.

v en lugar de *u*, indica que es francesa.

ευ en lugar de *eu*, que es vocal compuesta, y no el diptongo castellano *eu*.

ɴ en lugar de *n*, que es *nasal*.

ɟ indica que debe pronunciarse **como en frances.**

ε indica que esta letra es muda.

pr. equivale á *pronúnciese*.

ARTICULO IV.

De las Vocales.

Las vocales se dividen, en el modo de escribirse, en *simples*, *compuestas* y *nasales*; pero todas en la pronunciacion forman un sonido simple, el que constituye su esencia de vocales.

Las *simples* son *a*, *e*, *i*, *o*, *u*, las quales por sí solas suenan como en castellano, á excepcion de la *u*, cuyo sonido requiere la viva voz.

La *e* acentuada varia de su sonido conforme el acento que lleva, y se divide en *e cerrada*, *e abierta*, y *e muda* ó francesa.

La *e cerrada* se diferencia de las demas en el *acento agudo* de este modo, *é*, y suena como la *e* castellana en la voz *ame*.

Voces francesas.		Imitacion española.
Amirauté.	Almirantazgo. pr:	*amiróté.*
Séparú.	Apartado.	*séparé.*

La *e abierta* se diferencia con el *acento grave*, así *è*, y tiene su sonido entre *a* y *e*, lo qual requiere la viva voz, como en *vent près* viento escaso, *procès-verbal* declaracion; pr: *vaṇ pré*, *prosé-verbal*.

Siempre suena abierta la *e*, aunque no tenga acento, en las voces monosílabas: *Ces*, *Des*, *Les*, *Mes*, *Tes*, *Ses*; pr: *sé*, *dé*, *lé*, etc.

La *e muda* ó *francesa* no lleva acento ninguno, y es tan débil su sonido, que por eso se llama *muda*.

Regla. Dexando esta *e*, como si no la hubiese en lo escrito, pronúnciese la letra que la precediere con el sonido claro que tuviere en español, y muy larga si es vocal: *verbi gratiá.*

Galère.	Galera.	pr :	*galer.*
Gabie.	Gavia.		*gabí.*

. *Advertencia.* La *e* antes de *m*, ó *n*, es *a*, quando con dichas letras hace sílaba : *v. g.*

Embargo.	Embargo.	pr :	*aṇbargo.*
Encablure.	Largura de un cable.		*aṇcablur* (1).

Regla. La *e* sin acento se pronuncia como en castellano, 1°. quando es inicial antes de consonante, como en *escadre* esquadra, *escale* escala, etc. pr : *escadrᴇ*, *escal*; 2°. antes de l'*f*, *l*, y *r*, en medio de diccion, como en *Chef* Xefe, *selle de calfat* banqueta de calafate, *vergue* verga; pr : *schef* (2), *sel*, *verg* (3).

Vocales compuestas. Las vocales compuestas como las simples son unos sonidos sencillos, pero escritos con dos ó muchas letras, y son : *ai, au, eau, ei, eo, eu, oe, œu, ou, ui.*

---

(1) Esta regla tiene algunas excepciones que se han incluido en el artículo de las *vocales nasales.*

(2) Pronunciando suave *ch.*

(3) Pronunciando blandamente la *g.*

Advertencia. Todo sonido que resulta de una vocal compuesta es largo.

Ai, *aie*, tienen el sonido de *e*: v. g.

Aide.	Ayudante. pr:	*ed.*
Aire de vent.	Rumbo de viento.	*er de van.*
Brai.	Brea.	*bre.*
Balai.	Escoba.	*balé.*
Étai.	Estay.	*eté.*
Baie.	Bahía.	*be.*

Ai es *é*, en fin de diccion, en los verbos : v. g.

Je naviguai.	Yo navegué. pr:	*je navigué.*
Je me réparai.	Yo me reparé.	*je me réparé.*

Aye es *e*, pero este sonido requiere la viva voz, (porque tiene algo de líquido) como en *paye* paga, *pagaye* canalete.

Ai tiene el sonido de *a* en *ouaiche* rosa de la corredera; pr: *ua-sche* (1).

Au, *eau* hacen ó larga : v. g.

Auloffée.	Orzada. pr:	*ólófé.*
Aumônier.	Capellan.	*ómonié.*
Eau.	Agua.	*ó.*
Bateau.	Bote.	*bató.*

Ei suena como *e* : v. g.

Peigner.	Rastrillar. pr:	*peñé.*

Eo suena como *ó* : v. g.

Egorgeoirs.	Trapas. pr:	*egorjoar* (2).

Eu, *œu*, tienen el sonido que hémos indicado pág. 2

---

(1) *Véase* la nota (2) de la página 5, para la pronunciacion de la *oh*.

(2) En esta pronunciacion figurada la *j* debe pronunciarse como *J* francesa, que es el único modo que tienen los Españoles para figurar el sonido de la *g* francesa antes de *e* ó *i*.

por

por la pronunciacion de las consonantes unidas á la *e muda*, como *be, ce, de, fe, etc.* debiendo pronunciarse del mismo modo: *Feu* fuego, *peu* poco, *pavillon bleu* bandera azul, *nœud* nudo, *œuvres mortes* obras muertas, *etc.* con la advertencia que en el primer caso la EU es breve, y larga en el segundo.

Oe suena como *e : v. g.*

Foene.	Harpon.	pr :	*fuen.*

Ou hace *u* castellana : *v. g.*

Où.	Adonde.	pr :	*u.*
Ouest.	Oeste.		*uest.*

Oi recibe dos sonidos, el primero y mas general es el de *oa* en los nombres, y el de *e* en los verbos : *v. g.*

Bois.	Madera.	pr :	*boa.*
Mois de gages.	Soldada.		*moa de gaJE.*
Noix d'un mât.	Cuello de un palo.		*noa doN má.*
Croix dans les cables.	Crux en los cables.		*croa dans le cablE.*
Danois.	Danes.		*danoa.*
Suédois.	Sueco.		*svedoa.*

Algunas veces el *oi* de los nombres se pronuncia como el *oi* de los verbos, y es en los casos siguientes ; 1°. en

François.	Frances.	pr :	*fraNsé.*
Anglois.	Ingles.		*aNglé.*
Hollandois.	Holandes.		*olaNdé.*
Maltois.	Maltes.		*malté.*

y otros

2°. en *Connoissement.*	Conocimiento. pr :		*conesmáN.*
3°. en *Foible.*	Sencillo. pr :		*feblE.*
Roidir.	Tiezar.		*redir* (1).

---

(1) En los casos en que se pronuncia el *oi*, e uno de los mas afamados Escritores de Francia escribe con el *ai, Français, Anglais,*

Ui tiene el sonido de *i*, quando va precedido de una de estas, *g*, *q*: *v. g.*

Gui.	Guia.	pr :	*gui.*
Guidon.	Corneta.		*guidon.*
Quille.	Quilla		*quille.*

Vocales nasales son las precedentes unidas á la *m* ó *n*, cuyo sonido algo gangoso las hace llamar *nasales*, de la voz latina *nasus*, nariz.

Advertencia. Esta pronunciacion necesita oirse de viva voz, observando sobretodo que el sonido de la *m*, ó *n nasal*, no debe equivocarse con el de la *m* ó *n* clara castellana; porque causaria los mayores equívocos : *v. g.* Si se pronunciara *marin* marino, sin atender al sonido *nasal* de la *n*, se daria á entender que se ha dicho *marine* marina.

Las vocales nasales son : *Am, an, ean, em, en, aen, aon, on, om, eon, im, in, aim, ain, ein, um, un, eun.*

Las siete primeras *am, an, ean, em, en, aen, aon* hacen a**N** : *v. g.*

Amplitude.	Amplitud.	pr :	*a**N**plitu**d**e.*
Campagne.	Campaña.		*ca**N**pañe.*
Étambot.	Codaste.		*eta**N**bó.*
Ancre.	Ancla.		*a**N**cre.*
Ouragan.	Huracan.		*uraga**N**.*
Varangue.	Varenga.		*vara**N**g* (1).
Embardée.	Guiñada.		*a**N**bardé.*
Ensemble.	A la una.		*a**N**sa**N**ble.*

---

faible, etc. Muchos han admitido esta ortografía mas fácil, en que el *ai* no varia tanto como el *oi*; pero ambas tienen el mismo inconveniente de expresar otro sonido del que representan sus caractéres.

(1) Pronunciando la *g* blandamente.

Regla. La *e* no recibe el sonido de *a* en las sílabas *ien,* y *enne : v. g.*

D'où vient le vaisseau? De donde viene   pr : *du vien le vesó?*
el navío?

Ennemi.   Enemigo.   *enmi.*

Im, in, ain, ein, hacen *en*, por lo qual se puede dar por regla, que *i* antes de *m* ó *n* en la misma sílaba es e : *v. g.*

Impériale.   Imperial.   pr :   *enperial.*
Incliner un mât.   Inclinar un palo.   *encliné on má.*
Ain.   Anzuelo.   *en.*
Main de fer.   Castañuela de   *men de fer.*
hierro.
Ceintre d'une cha-   Guirnalda.   *sentre dun scha-*
loupe.   *lupe* (1).

La *n* pierde el sonido *nasal* en *ain*, quando la sigue vocal : *v. g.*

Capitaine.   Capitan.   pr :   *capiten.*
Misaine.   Trinquete.   *misen.*

On hace *on : v. g.*
Piton.   Cáncamo.   pr :   *piton.*
Goudron.   Alquitran.   *gudron.*
Canon.   Cañon.   *canon.*

Advertencia. Todas las reglas que se acaban de dar sobre las vocales compuestas, no tendrán lugar, si sobre una de ellas hubiese acento ó dos puntos ; entónces cada una guarda su proprio sonido : *v. g.*

Océan.   Océano.   pr :   *oséan.*
Saïque.   Saica.   *sa-ic.*

---

(1) *Véase* la nota (2) de la página 5 para la pronunciacion de la *ch.*

ARTICULO V.

De los Diptongos.

Diptongo significa sonido doble, y se compone de dos vocales que no forman mas que una sílaba; pronunciándose cada una distintamente, pero con una sola emision de voz, como en las voces *Gavia, Gaviero, Andamio:* en las quales hay los diptongos *ia, ie, io.*

Los diptongos, en frances, como las vocales, se dividen en lo escrito en *simples, compuestos y nasales.*

Los simples son, *ia, ié, iè, io, ua, ué, ui:* su sonido no diferencia del castellano sino que debe pronunciarse *u* francesa en los tres últimos: *v. g.*

Diane.	Diana.	pr :	*dian.*
Avarié.	Averíado.		*avarié.*
Pièce.	Pipa.		*pies.*
Violons de beaupré.	Cacholas del bauprés.		*violoN dE bópré.*
Quarentaine.	Quarentena.		*caraNíen.*
Piqué des vers.	Pasado de broma.		*piqué dé ver.*
Cuisine.	El fogon.		*cuisin.*

Diptongos compuestos son aquellos en que suena una vocal simple con otra compuesta, como en *iai,* que hace i-é, ó al contrario una vocal compuesta con una simple, como en *oua,* que se pronuncia *ua.*

Acordándose de lo dicho sobre las vocales compuestas, se acertará fácilmente el sonido de dichos diptongos.

Los diptongos compuestos son siete : *iai, iau, ieu, iou, oua, oue, oui.*

Iai hace ye: *v. g. Déliaison.* Desligazon. pr : *delyesoN.*

Iau (1).

Ieu requiere la viva voz como en *lieu.*

____

(1) Este diptongo no se encuentra en la parte francesa.

Iou   yu   *Chiourme.* Chiurma. pr : *schyurme* (1).

Oua   ua   *Échouage.* Barada.   *éschuase* (2).

Oue   ué   *Fouet d'un* Rabiza.   *fué don palán.*
        palan.

Oui   ui   *Couillard* Tomador de *cullar dun voal.*
      d'une voile.   cruz.

Diptongos nasales son los simples, y los compuestos unidos á la *m ó n*; hay ocho : *ian, iant, ient, ion, oin, uin, ouan, ouen.* Los tres primeros hacen *ian : v. g. triangle* guíndola, *louvoyant* bordeando, *orient* oriente; pr : *triangl, luvoyan, orian.*

Los demas tienen la pronunciacion siguiente.

Ion hace i-on : *v. g. Brion.*   Roda.   pr : *brion.*

Oin   uen   *Coin.*   Cuña.   *coan.*

Uin   uen   *Guindage.* Guinda.   *guendase.*

Ouan . . } uan. *Nota.* Estos dos diptongos no se encuen-
Ouen . . }   tran en la parte francesa.

ARTICULO VI.

De la Y.

Regla. Y, entre dos vocales tiene valor de dos *ii*; la primera que forma sílaba con la vocal que la precede tiene el sonido de *e* y la otra guarda su proprio sonido : *v. g.*

Brayé.   Embreado.   pr :   *bre-yé.*

Payé.   Pagado.   *pe-yé.*

La *y* inicial de diccion suena *i* sola : *v. g.*

Yole.   Chinchorro.   *yol.*

---

(1) *Véase* la nota (2) de la página 5 para la pronunciacion de la *ch.*
(2) *Idem.*

ARTICULO VII.

De las Consonantes.

Tenemos prevenido en el artículo III, regla 1, que las consonantes iniciales, á excepcion de las citadas en dicho artículo III, se pronuncian de un mismo modo en ámbas lenguas, no admitiendo variacion en su sonido.

B.

La *b* final suena en *radoub* carena ; pr : *radub.*

De la equivocacion de la *b* con la *v* en la pronunciacion, resultan en frances gravísimos errores: *v. g. Balai* escoba, pronunciado por un *v*, es para cañon : *banc* banco, pronunciado por un *v*, es viento : *bois* madera, pronunciado por un *v*, es voz; y asi de otros muchos que se pueden inferir por la lectura de esta advertencia.

C.

Antes de *a, o, u,* suena la *c,* como en castellano *ca, co, cu;* y antes de *e, i,* como *s: v. g. Ceinture de canot* Guirnalda, *Civadière* Cebadera; pr : *Sentur de canó, Sivadier.*

La *c* suena como *g,* en *second* segundo; pr : *segon.*

Regla. La *c* final suena cómo *k* quando se pronuncia, lo que sucede : 1°. quando la precede vocal, como en *sac* saco, *hamac* hamaca; pr : *sak, amak.*

Se exceptuan de esta regla *croc* gancho, *tabac* tabaco; pr : *cró, tabá.*

2°. La *c* final suena como *k* antes de vocal inicial de otra diccion.

Regla. La *c* final es muda en todas las voces en que tiene por penúltima una consonante : *v. g. banc* banco, pr : *ban.*

El sonido *cha, che, chi, cho, chu,* requiere la viva voz ;

sin embargo, hémos indicado una pronunciacion que tiene poca diferencia de este sonido : *v. g. chanvre* cáñamo , *chenal* caño , *chirurgien* cirujano , *chouquet* tamborete , *chute d'une voile* caida de una vela ; pr : *schenal* , *schiruxiex* , *schuqué* , *schut dun voal* (pronunciando suave la *ch.*).

Advertencia. El *ch* se pronuncia *ca* , *ke* , *ki* , *co* , *cu* , en las voces extrangeras á la lengua francesa.

Sin embargo de ser extrangeras á la lengua francesa , se pronuncia con el *ch* francés la voz siguiente : *architecture navale* arquitectura naval ; pr : ar-schitectur naval. (Con el mismo exemplo que arriba para la pronunciacion de la *ch.*)

La *ç* con una cedilla tiene el sonido de la letra *s* como en *rançon* rescate , *rançonner* rescatar , forçat ; pr : *raxson* , *raxsoné* , *forsá*.

D.

Se pronuncia la *d* final en los apellidos, y nombres extrangeros á la lengua francesa ; pronúnciese como suena ; pero si fueren apellidos franceses , la *d* queda muda : *v. g. Sabord* porta , *grand mât* palo mayor ; pr : *sabor* , *grax-má*.

La *d* final suena como *t* en los casos en que la final debe sonar antes de vocal inicial de otra voz sin separar las palabras en la pronunciacion : *v. g.*

Grand étai.	Estay mayor.	pr : *grax-te-te*.
Grand îlot.	Islote grande.	*grax-ti-ló*.

F.

Es una de las cinco letras que suenan siendo finales : *v. g. Chef d'escadre* Xefe de esquadra , *Chef de pièce* Cabo de cañon , *récif* arrecife ; pr : *schef descadrx* , *schef de pies* (1) , *resif*.

---

(1) Pronunciando suave la *ch.*

Ph suena como *f: v. g.*

Phare.   Fanal.   pr: *far.*

G.

Suena como en castellano antes de *a, o, u,* y hace
ga, go, gu, y como *j* francesa, antes de *e, i: v. g.*

Général.   General.   pr: *seneral.*
Girouette.   Grimpolon.   *siruet.*

Nota. Gua, guo, suenan *ga, go,* en algunos casos.

Gue requiere la voz viva, como en *longue* larga, y *Gui*
se pronuncia como en *guia* gui.

Se pronuncia el diptongo *ui* en *aiguille* aguja, *aiguiser*
amolar; pr. *egüill, egüisé.*

Regla. Tiene el sonido de la *g* suave del castellano la
de *long* largo; pr: *loN.* La *g* no suena en *vingt* veinte;
pr. *veN.*

Gn, en medio de diccion, es *ñ,* y en principio suena
como en castellano: *v. g.*

Campagne.   Campaña.   pr: *caNpañE.*

H.

Esta letra unas veces es muda y otras aspirada. Es muda,
quando no añade nada á la pronunciacion de la vocal que
la sigue, y aspirada, quando dicha vocal recibe un sonido,
fuerte, y algo gutural.

Conócese que es muda la *h* quando el artículo ó pronombre que la acompaña, admite las variaciones que recibe antes de vocal, y aspirada quando dicho artículo, ó
pronombre, se mantiene como si estuviera antes de consonante : *v. g.*

L'horloge marine. El relox de longitud. pr: *lorlose marin.*
La hune.   La cofa.   *la huN*

En el primer exemplo es muda la *h*, y por eso se pronuncia *orloJE* y no *la horloJE*, y en el segundo es aspirada, se escribe *la hune*, y se pronuncia la *hvn* aspirando la *h*.

En el primer caso la *s* característica del artículo *les* se pronuncia *s*, en los artículos y pronombres que preceden á la *h*, y en el segundo caso se suprime : *v. g.*

Les horloges marines.   Los reloxes de   pr: *lesorloJE marin.*
                           longitud.
Les hunes.   Las cofas.   *lé hvn.*

aspirando la *h* como queda dicho.

J.

No hay que explicar nada, sobre la pronunciacion de esta letra, cuyo sonido solo se puede percibir por la voz viva, como en *jas de l'ancre* cepo del áncla, *journal* diario, *jusant* vaciante (1).

K.

Esta letra se pronuncia como en castellano, y solo se encuentra en las voces peculiares de lenguas extrañas.

L.

Es una de las cinco letras que suenan siendo finales. No se pronuncia la *l* en *baril* barril, *cul de vaisseau* popa del navío, *fusil* escopeta; pr: *barí, cu de vesó, fusí.*

Regla. En las sílabas *ail* ó *aille*, *eil* ó *eille*, *euil* ó *euille*, *ille*, *ouille*, se suprime la *i* (ménos en la terminacion *ille*), y se pronuncia la *l* ó dos *ll* con el sonido líquido de *ll* castellana, como si estuviera escrito : *all*, *ell*, *Evll*, *ill* : *v. g.*

---

(1) No pudiendo pronunciar la *j* que es muy dificultosa se podria reemplazar por la *ch*, con una *s* delante pronunciando *sch* lo mas suave posible, y decir *scha de lancre, schournal, schusan.*

Détail.	Detall.	pr :	*detall.*
Baille.	Tina.		*ball.*
Soleil.	Sol.		*solell.*
Tire-veille.	Guardamancebo.		*tirvell.*
Ecueil.	Arrecife.		*ecuɛll.*
Feuille.	Pliego de cargo.		*fɛull* (1).
Quille.	Quilla.		*quill.*
Souille.	Cama de un barco.		*sull.*

Regla. Si las dos *ll* no se hallan precedidas de *i*, no se pronuncia mas que una, y sin el sonido líquido de *ll* : v. g.

Pelle d'aviron.	Pala de remo.	pr :	*pel daviroɴ.*
Belle mer.	Mar llana.		*bel mer.*

M.

Regla. La *m* final suena como *n*, ménos en los nombres extrangeros á la lengua francesa, en que conserva su sonido propio y claro.

La *m* no se pronuncia en la vocal *condamner* excluir ; pr : *coɴdáné.*

La terminacion *amme*, se pronuncia *am* claro : v. g.

Flamme.   Gallardete.   *flám (la* m *clara.*)

Em en principio de diccion, hace aɴ , y sílaba á parte de la que sigue : v. g.

Emménagemens.	Repartimientos.	*aɴ-ménaɈɛmaɴ.*
Empature.	Empalmadura.	*aɴ-patͮr.*

Las terminaciones *ment* se pronuncian *maɴ*. v. g. *Département*, departamento, pr : *departmaɴ.*

N.

Es una de las cinco letras finales que suenan.

---

(1) La terminacion de *cuil* ó *euille* antes de *c* ó *g* , se escribe *ueil*, pero siempre se pronuncia *ɛull.*

Regla. Quando la *n* se halla en los casos en que la consonante final suena antes de vocal inicial de diccion, debe pronunciarse doble : *v. g.*

Bon arrimage.	Enjunque bien echo. pr : *bon-narrimaje.*
Bon orin.	Orinque bueno.	*bon-noren.*

P.

Esta letra es muda en las voces siguientes : *baptéme* bautismo, *baptiser* bautizar, *sept* siete; pr : *batem, batisé, set.*

La *p* se pronuncia siempre en *cap* cabo ; pr : *cap.*

Q.

Esta letra siempre va acompañada de *u*, ménos en las voces *coq de l'équipage* cocinero de la tripulacion, y *cinq* cinco, en las quales se pronuncia como *k*, y así coq y cinq, pronanciese *cok* y *senk.*

La *q* es muda algunas veces en *cinq* en los nombres numerales como *cinq-cents* ; pr : *sen-san.*

Regla. Qua, que, qui, se pronuncian ca, que, qui : *v. g.*

Quarantaine.	Quarentena. • pr :	*caranten.*
Quenouillettes de poupe.	Gambotas.	*quenullet de pup.*
Quille.	Quilla.	*quill.*
Quelqu'un.	Alguno.	*quelcun.*

R.

Es una de las cinco letras que suenan siendo finales.

Excepcion á la regla general. En las terminaciones *er, ier*, no se pronuncia la *r*, y la *e* se hace *e cerrada*, quando las voces tienen mas de una sílaba : *v. g.*

Abandonner.	Desamparar. pr:	*abandoné.*
Capeler.	Encapillar.	*caplé.*
Voilier.	Velero.	*voalie.*
Officier.	Oficial.	*ofisie.*

En las voces monosílabas se sigue la regla general, y se pronuncia la *r*: *v. g. mer* mar, *fer* hierro, etc.; pr: *mer, fer*, etc.

La *r* suena en las voces siguientes: *cuiller* cuchara, *hiver* invierno, *plongeur* buzo, *poulieur* motonero; pr: *culler, iver, plonjeur, pulleur*.

La *r* siempre se pronuncia en *mettre* poner, *décommettre* descolchar, *maître* maestre ó maestro, *être* estar; pr: *metr, decometr, metr, etr*.

Se pronuncian dos *rr* en las voces que empiezan con *arr, err*: *v. g.*

Arrimer.	Enjuncar	pr: *arrimé.*
Erreur.	Error.	*erreur.*

S.

Regla. La *s* se pronuncia como en castellano, sea que se halle al principio, al fin, ó entre dos vocales: *v. g.*

Casernet.	Quaderno de la bitácora.	pr: *caserné.*
Désarmement.	Desarmamento.	*desarm-man.*
Fasier.	Flamear.	*fasié.*
Rose de compas.	Rosa de la aguja.	*ros de conpá.*

Regla. La *s* doble se pronuncia como simple española (1): *v. g.*

Baisser.	Vaciar.	pr: *besé* (2).
Passeport.	Pasaporte.	*paspor.*

Se pronuncia la *s* en *atlas* atlas, *vis de rappel* micrómetro, y es muda en *devis d'un vaisseau* historia de un buque; pr: *deví.*

---

(1) Debe ser la misma *s* que se oye en la voz *desarmar.*

(2) El no distinguir bien el sonido de la *s* sencilla entre dos vocales, de la doble tambien entre dos vocales, hace decir disparates muy reparables.

Nota. Sc en principio de diccion, y antes de *a, o, u,* tienen una pronunciacion sumamente dificultosa, la qual requiere la viva voz, como en *scorbut* escorbuto, *sculpture* escultura; pr: *scorbv, scvltvr* (pronunciando muy suave la *s*).

Sc antes de *e, i,* se pronuncian como *s* sola: *v. g.*

Scie.	Scierra.	pr : *sí.*
Scie tribord.	Cia estribor.	*si tribor.*
Scieur.	Aserrador.	*sievr* (r clara.)

La *s* es muda en *isle* isla; pr: *il.*

T.

Regla. La sílaba *ti* hace *ci,* quando va precedida de vocal y en las terminaciones *tion: v. g.*

Construction.	Construccion. pr :	*constrvcsion.*
Destination.	Destino.	*destinasion.*
Ration.	Racion.	*rasion.*
Réduction.	Reducimiento.	*rédvcsion.*

Excepciones. Ti se pronuncia como en castellano en los nombres terminados en *tier: v. g.*

Chantier.	Astillero.	*schantie* (1).
Charpentier.	Carpintero.	*scharpantie* (2).
Courtier.	Corredor.	*curtie.*
Quartier-maître.	Artillero de pre-	*cartie-metr.*
	ferencia.	

La *t* final no suena en *boulet* bala, *bourlet* roñada, *équi-pet* alacena, *tourniquet* molinete; pr: *bulé, burlé, equipé, turniqué.*

V.

Los Franceses como todas las otras naciones pronuncian

---

(1) *Véase* la pronunciacion de *ch.*
(2) *Idem.*

de una manera diferente la *b* y la *v*: esta última se pronuncia tocando con los dientes superiores el labio inferior; los Españoles son los solos que pronuncian del mismo modo. la *b* y la *v*, y en esto proceden contra las reglas de toda buena gramática : *v. g.*

Vive voix.	Viva voz.	pr :	*viv-voa.*
Vivier.	Vivero.		*vivie.*
Voile à livarde.	Vela de abanico.		*voal à livardɛ.*

X.

Esta letra se pronuncia siempre en frances como en castellano quando forma sílaba con la vocal precedente , ó bien quando la vocal siguiente se halla con un acento circunflexo : *v. g.*

Sextant.	Sextante.	pr :	*sextaɴ.*
Expédition.	Expedicion.		*expedisioɴ.*
Axiomètre.	Axîometro.		*axîometrɛ.*

La *x* final no suena en los exemplos siguientes.

Voix, donner la voix.	Salomar.	pr :	*doné la voa.*
Jottereaux de beaupré.	Curvas bandas.		*jotro dɛ bopré.*
Faux-baux.	Baos vacios.		*fo bó.*
Faix d'une voile.	Relinga del gratil.		*fe dʋn voal.*

Regla. En principio de diccion , la sílaba formada de la *x* seguida de una vocal se pronuncia como si hubiera un acento circunflexo sobre dicha vocal como en *exercice* exercicio ; pr : *exérsis.*

Z.

Suena (con un poco mas de cecéo que en castellano) *za , ze , zi , zo , zu.*

Advertencia sobre la pronunciacion de las consonantes, quando en medio de diccion se encuentran juntas dos de diferente género.

Quando en medio de diccion se encuentran dos consonantes juntas de diferente género, como *bj*, *bs*, *dj*, *dm*, *gm*, etc. la primera se pronuncia fuerte, y con el sonido que tiene en castellano, y la segunda segun las reglas dadas en su respectivo artículo : *v. g.*

Objets condamnés.	El excluido. pr :	*objé condané.*
Observation.	Observacion.	*observasion.*
Adjudant.	Ayudante.	*adjudan.*
Administration.	Administracion.	*administrasion.*
Augmenter sa voilure.	Aumentar su velámen.	*ogmanté sa voalur.*

DICCIONARIO

DE LOS

TÉRMINOS DE MARINA

ESPAÑOLES Y FRANCESES.

SEGUNDA PARTE.

TRADUCCION DEL ESPAÑOL EN FRANCÉS.

ABA

ABADERNAR = Mettre une baderne.

ABALIZAR = Baliser une passe, un canal.

   ABALIZAR UN CABLE = Flotter un cable.

ABANDONAR ó DESAMPARAR = Abandonner.

   ABANDONAR ó DESAMPARAR UN BARCO — Abandonner un bâtiment lorsqu'il n'y a plus d'espérance de le sauver.

   ABANDONAR ó DESAMPARAR LA CAZA = Abandonner la chasse.

   ABANDONAR ó DESAMPARAR EL COMBATE = Abandonner le combat.

   ABANDONAR ó DESAMPARAR UN CONVOY = Abandonner un convoi, ne plus le protéger.

   ABANDONAR ó DESAMPARAR SU PUESTO = Abandonner son poste.

ABANDONO = Délaissement, Abandon.

ABANDONO DE UN NAVÍO, DE UNA CARGAZON = Abandon de vaisseau, de cargaison.

ABARBETAR = Brider, Genoper.

ABARLOAR = Amarrer deux bâtimens côte à côte.
BARCOS ABARLOADOS = Bâtimens amarrés côte à côte.

ABARROTAR = Arrimer, Abaroter, Faire l'arrimage.
BARCO ABARROTADO = Bâtiment chargé, abaroté.

ABATIMIENTO, ARRIBADA = Abattée.
ABATIMIENTO, DERIVA = Dérive.
ABATIMIENTO DE LA AGUJA IMANADA = Inclinaison de l'aiguille aimantée.

ABATIR, CAER = Abattre, faire une abattée (*voyez* CAER).
ABATIR, DERIVAR = Dériver.

ABERTURA DE LAS PORTAS = Ouverture des sabords.

ABITONES ó AVITÒNES = Bittes aux pieds des mâts pour drisses *ou* écoutes.

ABONANZAR (*voyez* AFLOXAR).

ABORDAGE = Abordage, *action de guerre.*
IR AL ABORDAGE, ABORDAR AL ENEMIGO = Aller à l'abordage, Sauter à l'abordage.
HUIR EL ABORDAGE = Eviter l'abordage.
ABORDAGE DE UNA LANCHA ó DE UN BOTE CONTRA UN MUELLE, UN NAVÍO = Abordage d'une chaloupe *ou* d'un canot contre un quai, un vaisseau.
ABORDAGE DE UN NAVÍO CONTRA UN MUELLE, UNA BALIZA, UN ARRECIFE = Abordage d'un vaisseau contre un quai, une balise, un écueil.
ABORDAGE POR LA ALETA ó ANCA = Abordage par la hanche.
ABORDAGE DE LARGO Á LARGO — Abordage de long en long.

Abordage aproado al cuerpo = Abordage de bout au corps.

ABORDAR ó atracar = Aborder (*voyez* atracar).
Abordar, ir encima, embestir un navío = Aborder un vaisseau en chassant *ou* en dérivant sur lui.

A BORDO = A bord.
Ir á bordo = Aller à bord.

ABOYAR = Alléger, Soulager.
Aboyar un cable, un calabrote = Alléger un cable, un grelin.
Aboyar un navío = Alléger un vaisseau.
Aboyar el virador de cubierta = Alléger la tour-nevire.

ABOZAR (*voyez* bozar).

ABRA de la obencadura = Épatement des haubans.

ABRAZADERA de hierro = Étrier, *espèce de crampe en fer, et généralement toute bande de fer qui sert à consolider l'ajust de deux pièces.*

ABRETONAR la artillería = Mettre les canons en breton, les élonger le long de la muraille.

ABRIGO = Abri, lieu de retraite.
Ponerse al abrigo de un fuerte, de una forta-leza = Se mettre à l'abri d'un fort, d'une forteresse.

ABRIR ó alzar la portería = Ouvrir les sabords.
Abrir las distancias de los navíos = Ouvrir les distances des vaisseaux.
Abrir los quarteles de escotillas para descar-gar = Ouvrir les panneaux pour décharger.
Abrir el rumbo = Prendre du large.
Abrirse, desguarnecerse = Larguer, *en parlant*

d'un bâtiment dont la membrure ou les bordages larguent.

ABROJOS = Brisans, Écueils.

ABROQUELAR *ó* BRACEAR EN CONTRA = Contre-brasser.

ABROQUELAR Á PROA *ó* BRACEAR EN CONTRA Á PROA = Contre-brasser devant.

ABROQUELAR *ó* BRACEAR EN CONTRA EN EL MEDIO = Contre-brasser derrière.

ACANTILADO = Accore *ou* Escarpé.

ACASOS DE LA MAR = Fortune de mer.

ACERCAR LA TIERRA = Serrer la terre.

ACERCARSE DE LA TIERRA = S'approcher de la terre, Courir sur la terre.

ACERCARSE DEL VIENTO = S'approcher du vent.

ACHICAR EL AGUA = Étancher l'eau, Franchir à la pompe.

ACHICAR EL AGUA DEL BOTE CON UN VERTEDOR = Vider l'eau du canot à l'aide d'un escope à main.

ACLARADA = Éclairci, Embelli.

ACODERARSE = s'Embosser, s'Entraverser, Présenter le travers en s'embossant.

ACODERARSE DELANTE DE UN CASTILLO = s'Entraverser devant un fort.

ACOLLADOR = Aiguillette pour suspente des basses vergues.

ACOLLADOR = Ride d'étai *ou* de hauban.

ACOLLADORES = Rides.

ACONCHARSE, EMPEÑARSE SOBRE LA COSTA = s'Affaler, être affalé sur la côte.

    Barco empeñado sobre la costa = Bâtiment affalé sur la côte.

ACORTAR de velas = Diminuer de voiles.

ACULEBRAR dos cabos = Serpenter deux cordages, Mettre des serpenteaux.

ACUÑAR un palo = Coincer un mât.

ADALA ó dala de bomba = Dale de pompe.

ADMINISTRACION ó contaduría de marina = Administration de la Marine.

ADONDE está la proa = Où est le cap?
    Adonde va el barco? = Où va le navire?·

ADRIZAR un navío = Redresser un vaisseau.
    Está adrizado el barco ó adrizó el barco = Le bâtiment est droit.

ADUJA = Plet *ou* Pli d'un cable.
    Adujas de cabo, paquete de cabo = Glêne de cordage.

ADUJAR un cable = Cueillir, Lover *ou* Rouer un cable, le plier en rond.
    Adujar ó zafar un cabo = Cueillir, Lover *ou* Rouer une manœuvre.
    Adujar contra el sol = Rouer à contre.
    Adujar derecho ó con el sol = Rouer à tour *ou* avec le soleil.

AFELPADO, pallete afelpado = Paillet lardé.

AFELPAR, rellenar = Larder.
    Afelpar ó rellenar un pallete = Larder un paillet.
    Afelpar ó rellenar una vela = Larder une voile.

AFERRAR ó ferrar las velas = Ferler les voiles, Serrer les voiles, Plier la toile d'une voile que l'on serre.

Aferrar gavias en camiseta = Serrer les huniers en chemise.

Aferrar gavias á la holandesa = Serrer des huniers en chapeau.

AFLETAR (*voyez* FLETAR).

A FLOTE (*voyez* FLOTE).

AFLOXAR, *hablando del viento* = Mollir, Calmer, *en parlant du vent.*

Afloxa el viento = Le vent mollit, le vent calme.

AFORRAR el embono = Ploquer.

AFUERA, fuera = Dehors.

Estar afuera de un puerto = Être dehors d'un port.

Salir afuera, echarse afuera = Mettre dehors.

Todas las velas afuera = Toutes voiles dehors.

Hay mucha mar afuera = Il y a grosse mer dehors.

AGALIBAR, trabajar á la línea, linear—Agalibar, quadrear = Equerrer — Mettre d'équerre.

AGARRAR, alcanzar = Attraper, Joindre, Saisir, Tenir bon.

Agarrar, *hablando del áncla* = Mordre le fond, *en parlant d'une ancre.*

El áncla agarró = L'ancre a pris *ou* a mordu.

Agarrar la boya = Saisir la bouée.

AGUA = Eau.

Agua de campaña = Eau de campagne.

Agua corriente = Eau courante.

Agua dulce = Eau douce.

Agua del mar = Eau de mer, Eau salée.

Agua salobre = Eau saumâtre.

A la lumbre del agua = A fleur d'eau.

Agua = Voie d'eau.

Tener un agua = Avoir une voie d'eau.

Navío que hace agua = Vaisseau qui fait eau, qui a plusieurs voies d'eau.

Navío que no hace agua = Vaisseau qui ne fait pas d'eau.

Aguas muertas = Eaux mortes *ou* Mortes eaux.

Aguas vivas = Eaux vives *ou* Vives eaux, *grandes marées.*

Aguas del timon ó estela del barco = Ouaiche, sillage *ou* trace sur l'eau d'un bâtiment qui marche.

Estar en las aguas de un navío = Être dans les eaux d'un vaisseau.

AGUADA = Aiguade.

Hacer aguada = Faire aiguade.

AGUAGE = Grande marée, Maline.

AGUANTAR la estrepada = Etaler, faire tête; *en parlant d'un cordage qui résiste à un effort subit.*

Uno de los dos cables se rompió, el otro aguantó la estrepada = Un des deux cables a cassé, l'autre a étalé.

Aguantar socaire = Tenir en retour, Tenir bon dessous voile.

Aguantar las velas = Faire porter les voiles.

AGUARDAR *N* navíos = Attendre *ou* Espérer *N* vaisseaux.

AGUJA = Aiguille.

Aguja azimutal ó aguja de variacion, compas de variacion = Compas azimutal, Compas de variation.

Mortero de la aguja = Boîte de compas.

Peon ó estilo para aguja = Pivot de l'aiguille.

Aguja de bote = Volet, Petit compas.

Aguja de cámara, aguja de revés = Compas renversé.

AGUJA DE MAREAR, AGUJA DE BITÁCORA, AGUJA NÁUTICA = Compas de route, Compas de mer *ou* Compas d'habitacle.

AGUJA IMANADA, AGUJA DE BRÚXULA = Aiguille aimantée, Aiguille de boussole.

AGUJA PESADA, ENTORPECIDA, AGUJA LOCA = Aiguille affolée.

AGUJA DE INCLINACION = Aiguille d'inclinaison.

AGUJA PARA ROMPER EL CARTUCHO, AGUJA PARA CAÑON = Dégorgeoir, Epinglette de canon.

AGUJAS DE CARTUCHO = Aiguilles à gargousse.

AGUJAS DE COSER = Aiguilles de couture.

AGUJAS GRANDES = Aiguilles à œillet.

AGUJAS DE RELINGA = Aiguilles à ralingue.

AGUJAS DE VELA = Aiguilles à voile.

AHOGADO, ESTAR AHOGADO *ó* ESTAR CABECEANDO = Être mangé par la mer, Tanguer.

AHORCA-PERRO = Nœud coulant.

AHORCADO, ESTAR AHORCADO ENCIMA DEL CABLE = Être ceintré sur son cable.

A LA VEZ! Á LA UNA! = Ensemble!

ALA = Bonnette.

ALA RASTRERA = Bonette basse.

ALA DE GAVIA = Bonnette de grand hunier.

ALA DE VELACHO = Bonnette de petit hunier.

ALA DEL JUANETE MAYOR = Bonnette de grand perroquet.

ALA DEL JUANETE DE PROA = Bonnette de petit perroquet.

ALA DE SOBREMESANA = Bonnette de perroquet de fougue.

ALAS DE SOBREJUANETES = Bonnettes sur les perroquets volans *ou* Voiles triangulaires.

BOTALON DE ALA = Bout-dehors de bonnette.

ALAS DE UNA ARMADA = Ailes d'une armée navale.

SOBRE LAS ALAS = Sur les ailes.

ALAS DE LA CAXA DE BOMBA = Ailes de l'archipompe.

ALACENA, TOQUILLA = Équipet.

ALAR, CARGAR (*voyez* HALAR).

ALARGAR = Adonner, *en parlant du vent.*

EL VIENTO SE VA ALARGANDO *ó* ABRE EL VIENTO = Le vent adonne.

ALARGAR LAS DISTANCIAS = Étendre la ligne, Ouvrir les distances.

ALARGARSE = s'Alarguer, s'Éloigner, Pousser au large.

ALASTRAR UN NAVÍO = Lester un vaisseau.

ALBA, CAÑONAZO DEL ALBA = Coup de canon de diane.

ALBITANA = Marsoin, *pièce de construction.*

ALBITANA DEL CODASTE *ó* CONTRACODASTE = Marsoin de l'arrière, Contre-étambot intérieur.

ALBITANA DE LA RODA *ó* CONTRARODA = Marsouin de l'avant, Contre-brion.

LAS ALBITANAS = les Marsoins, *celui de l'avant et de l'arrière.*

ALCANCE DE UN CAÑON = Portée d'un canon.

ALCANZAR, AGARRAR = Attraper, Joindre, Saisir, Tenir bon.

ALCANZAR UN NAVÍO = Atteindre un vaisseau.

ALCAZAR = Gaillard d'arrière.

ALDAVILLA = Crochet *pour fermer une porte ou une fenêtre.*

ALEFRIS = Eclingure *ou* Rablure.

ALEFRÍS DEL BRANQUE = Rablure de l'étrave.

ALEFRÍS DEL CODASTE = Rablure de l'étambot.

ALEFRÍS DE LA QUILLA = Rablure de la quille.

ALETA DE POPA, ANCA = Anche de vaisseau.

ALETAS ó BRAZALES = Estains ou Cornières.

ALETAS DE REVÉS = Alonges de cornière.

ALETAS ú OREJAS DEL BAUPRÉS = Taquets de beaupré ou Violons de beaupré.

ALFÉREZ DE NAVÍO = Enseigne de vaisseau, Officier.

ALFÉREZ DE FRAGATA.

Nota. En la marina francesa no hay Alférez de fragata, los Alféreces de navío hacen sin distincion el servicio á bordo de un navío como al de una fragata.

ALIDADA = Alidade.

ALIGERAR ó ALIJAR = Alestir, Alléger.

ALIJADO = Lège.

BARCO ALIJADO = Bâtiment lège.

ALISTAR, ENGANCHAR = Enrôler.

ALJADREZ (*voyez* ENJARETADO).

ALLA VA CON DIOS! = A-dieu-va!

ALMA EN UN CABO DE QUATRO CORDONES = Ame ou Mèche d'une corde.

ALMA DE UN PALO, MADRE DE UN PALO = Mèche d'un mât.

ALMA DEL CAÑON (*voyez* CAÑON).

ALMAS DE BRONCE EN LAS ROLDANAS DE LOS MOTONES = Dés de fonte des poulies.

ALMACEN = Magasin.

ALMACEN GENERAL = Magasin général.

ALMACEN DE AGUA = Charnier pour l'eau.

ALMANAK NÁUTICO = Almanach nautique.

ALMIRANTAZGO = Amirauté.

ALMIRANTE = Amiral, Général d'une armée navale.

ALMOHADA = Coussin d'affût de canon.

ALMOHADAS DE ESTIVA = Fardage pour arrimer.

ALOTAR ó ARRIZAR EL ÁNCLA, PONER EL ÁNCLA EN SU LUGAR = Traverser l'ancre, mettre l'ancre en place.

ALOTAR ó TRINCAR LAS ÁNCLAS = Mettre les ancres à poste, les saisir à poste.

ALQUITRAN = Goudron.

ALQUITRANAR = Goudronner.

XARCIA ALQUITRANADA = Filin goudronné.

ALTEROSO DE POPA = Enhuché.

BARCO ALTEROSO DE POPA = Bâtiment enhuché.

ALTO BORDO, NAVÍO DE ALTO BORDO = Vaisseau de haut bord.

ALTO FONDO ó FONDO ALTO = Haut fond.

ALTO MAR = Mer haute, pleine mer.

ALTURA DEL SOL = Hauteur du soleil.

TOMAR ALTURA = Prendre hauteur.

ESTAR Á LA ALTURA DE UN CABO = Être à la hauteur d'un cap.

ESTAR Á LA ALTURA ó LATITUD DE UNA ISLA = Être à la hauteur d'une île.

ALTURA DE LA RODA ó DEL BRANQUE Y DEL CODASTE = Hauteur de l'étrave et de l'étambot.

ALTURA DE LOS DELGADOS DE POPA ó DE PROA = Hauteur des façons de l'arrière ou de l'avant.

ALZAPRIMA = Levier.

ALZAR LA PORTERÍA = Ouvrir les sabords.

ALZAR REMOS = Lever les rames.

ALZA REMOS! = Lève rames!

AMACA (*voyez* HAMACA).

AMADRINAR UN BARCO = Soutenir un bâtiment à flot avec des pontons.

    AMADRINAR UN PALO, HACER RUECA = Jumeler un mât cassé.

AMANTES DE LOS PALANQUINES DE RIZOS = Itagues des palanquins de ris.

    AMANTES DE LAS PORTAS = Itagues des mantelets de sabords.

AMANTILLAR LAS VERGAS = Peser sur les balancines pour tenir les vergues en croix.

AMANTILLOS = Balancines.

    LOS AMANTILLOS DE VERGA MAYOR = Les balancines de grande vergue.

    LOS AMANTILLOS DE TRINQUETE = Les balancines de misaine.

    LOS AMANTILLOS DE GAVIA = Les balancines du grand hunier.

    LOS AMANTILLOS DE VELACHO = Les balancines du petit hunier.

    LOS AMANTILLOS DE JUANETE MAYOR = Les balancines du grand perroquet.

    LOS AMANTILLOS DE JUANETE DE PROA = Les balancines du petit perroquet.

    LOS AMANTILLOS DE SOBREMESANA = Les balancines du perroquet de fougue.

    LOS AMANTILLOS DE VERGA SECA = Les balancines de la vergue sèche.

    LOS AMANTILLOS DE PERIQUITO Ó DE JUANETE DE SOBREMESANA = Les balancines de la perruche.

    LOS AMANTILLOS DE CEBADERA = Les balancines de la civadière.

Los amantillos de contracebadera = Les balancines de la contre-civadière.

Amantillos de mesana = Balancines d'artimon.

Amantillos de la botabarra = Balancines de gui.

Amantillos dobles = Balancines doubles.

Amantillos simples = Balancines simples.

Contra-amantillos = Fausses balancines.

AMARRA = Amarre d'un bâtiment, Cableau d'une embarcation.

AMARRAR, dar vuelta = Amarrer, Tourner.

Amarrar el chicote de un boton = Amarrer le bout de la ligne d'un amarrage.

Amarrar una xarcia = Amarrer un cordage, une manœuvre.

Amarrar los navíos = Amarrer les vaisseaux.

Amarrar á tierra = Amarrer à terre.

Amarrar un hombre al cañon = Amarrer un homme sur un canon.

Amarrarse babba de gato = s'Affourcher, Mouiller en barbe.

Amarrarse pata de ganso = Mouiller en patte d'oie.

AMAYNAR una vela, arriar una vela = Amener une voile.

AMOJELAR espeso = Doubler les garcettes sur la tournevire.

AMOLAR = Affuter un outil.

AMPLITUD = Amplitude.

Amplitud ortiva ó oriental = Amplitude ortive.

Amplitud occidental = Amplitude occase ou occidentale.

AMPOLLADA, mar ampollada = Mer clapoteuse.

AMPOLLETA = Ampoulette, Sablier, Horloge de sable.

DEXAR PARADA LA AMPOLLETA = Laisser dormir l'horloge.

AMPOLLETA DE Á MEDIA HORA = Ampoulette de demi-heure.

AMURA = Amure, Cordage, Écouet.

AMURA DOBLE = Écouet double.

AMURA DEL FOQUE MAYOR = Amure du grand foc.

AMURA DEL TRINQUETE = Amure de misaine.

AMURA DE VELA MAYOR = Amure de grand'voile.

EL NAVÍO TIENE LAS AMURAS Á ESTRIBOR = Le vaisseau a les amures à tribord.

AMURAR = Amurer.

AMURA Á BABOR! = Amure à babord!

AMURA Á ESTRIBOR! = Amure à tribord!

AMURA EL TRINQUETE! = Amure la misaine!

AMURA LA VELA MAYOR! = Amure la grand'voile!

AMURAR Á BESAR, CAZAR Á BESAR = Border tout plat, Amurer tout bas.

ANCA = Anche de vaisseau.

ANCHETA, PACOTILLA = Pacotille.

ANCLA = Ancre.

Partes del áncla = Parties de l'ancre.

EL ARGANEO = L'arganeau *ou* l'organeau.

LA BOYA = La bouée.

LOS BRAZOS = Les bras.

LA CAÑA = La verge *ou* tige.

EL CEPO = Le jas.

UNA CONCHA = Un coussin *ou* renfort.

LA CRUZ = Le collet *ou* la croisée.

LOS MACHOS = Les tenons.

EL OJO = L'œillet.

LAS OREJAS, LAS POSTAS = Les oreilles.

EL ORINQUE = L'orin.

EL PICO, LA UÑA = Le bec.

LAS POSTAS ó LAS UÑAS = Les pattes.

LA SEGUNDA ÁNCLA = La seconde ancre.

EL ÁNCLA DE ESPERANZA ó DE FORMA = La troisième ancre qui est à tribord, ancre d'espérance *ou* maitresse ancre.

LA QUARTA ÁNCLA = La quatrième ancre à babord.

ANCLA DE CADENA EN UN PUERTO = Ancre à demeure, corps mort.

EL ÁNCLA DE LA CARIDAD = L'ancre de la cale.

EL ÁNCLA DE FUERA = L'ancre du large.

EL ÁNCLA DE LEVA = L'ancre d'affourche.

EL ÁNCLA PARA EL FLUXO = L'ancre de flot.

EL ÁNCLA PARA EL REFLUXO = L'ancre de jusant.

EL ÁNCLA DE TIERRA = L'ancre de terre.

EL ÁNCLA AGARRA = L'ancre mord.

EL ÁNCLA HA ALARGADO ÉL FONDO = L'ancre a quitté, l'ancre est déplantée, l'ancre laisse le fond.

EL ÁNCLA DA VUELTA, SE PONE DERECHA = L'ancre se tourne.

EL ÁNCLA ESTÁ AGARRADO EN EL FONDO = L'ancre tient bon.

EL ÁNCLA ESTÁ ENREDADO, ENCEPADO = L'ancre est surjalée.

EL ÁNCLA ESTÁ Á LA PENDURA, ESTÁ APEADA = L'ancre est en mouillage, en veille, au bossoir.

EL ÁNCLA ESTÁ Á PIQUE = L'ancre est à pic.

ALOTAR ó ARRIZAR EL ÁNCLA, PONER EL ÁNCLA EN SU LUGAR = Traverser l'ancre, Mettre l'ancre en place.

ALOTAR ó TRINCAR LAS ÁNCLAS = Mettres les ancres à poste, les saisir à poste.

Estar sobre las ánclas del fluxo y refluxo = Être sur les ancres de flot et de jusant.

Izar el áncla a la serviola = Caponer l'ancre.

Virar sobre el áncla = Virer sur l'ancre.

Zarpar ó levar el áncla por el orinque = Lever l'ancre par l'orin.

ANCLADO, navío anclado = Vaisseau qui est à l'ancre ou au mouillage.

ANCLAGE, el fondo = Ancrage, Mouillage, Fond.

Derecho de anclage = Droit d'ancrage.

ANCLOTE = Ancre à jet ou de touée.

Anclote de galga ó de engalgadura = Ancre d'empenelle.

ANDADOR, navío que no es buen andador, navío porron = Vaisseau mauvais voilier.

ANDAMIO = Échafaud ou Chafaud suspendu le long du bord pour que les charpentiers ou calfats puissent travailler.

ANDANA de cable = Rang de cable.

Andana de cañones = Rang de canons ou un côté de la batterie d'un vaisseau.

Navío de N andana = Vaisseau du N rang.

Andana ó tunga de pipas = Plan de barriques, Antenne de barriques.

Primera andana = Premier plan.

Navegar con tres andanas de rizos = Être aux bas ris.

ANDAR = Marcher.

Andar bien, llevar salida = Bien marcher.

Andar en línea = Marcher en ligne.

Andar sobre N columnas = Marcher sur N colonnes.

El

EL ANDAR DE UN BARCO ó NAVÍO = Marche d'un bâtiment, Aire *ou* vitesse d'un vaisseau.

DÁ ANDAR AL NAVÍO PARA VIRAR DE BORDO! = Donne de l'aire au vaisseau pour virer de bord.

ANDAR SEIS MILLAS = Filer six nœuds.

ANDARIBEL ó ANDARIVEL = Cartahu ó Cartaheu — Garde-corps, *cordage pour se soutenir dans les mauvais temps* — Halebreu — Va et vient, *cordage* — Vérine, *petit palan simple ou bout de corde dont on se sert pour hisser des poids peu considérables.*

ANDULLO = Poulie d'itague à la tête des mâts de hune.

ANEMOMETRO = Anémomètre, *instrument pour mesurer les différens degrés de force du vent.*

ANETADURA DEL ÁNCLA = Emboudinure de l'ancre.

ANGUILAS ó BASOLAS = Anguilles *pour faire le ber d'un bâtiment qu'on veut lancer à la mer* — Coittes.

ANILLO PARA PERNOS = Virole pour les chevilles.

ANIMA DEL CAÑON = L'âme du canon.

ANTENA ó ENTENA = Antenne, Vergue.

ANULAR UNA SEÑAL, ANULACION DE LA SEÑAL = Annuler un signal.

ANZUELO = Ain *ou* Hameçon.

APAGAPENOLES = Cargue-boulines.

APAGAR LA VELA CON TRAPAS = Égorger une voile, Étrangler une voile.

A PALO SECO, CORRER Á PALO SECO = Courir à mâts et à cordes *ou* Courir à sec.

APARADURA = Ribord.

APAREJAR UN ÁNCLA = Appareiller une ancre.

Aparejar un navío, un palo, etc. = Gréer un vaisseau, un mât, etc.

Aparejar á virar = Parer à virer.

Apareja á virar! = Pare à virer!

Aparejito del racamento = Palan de drosse.

Aparejito del racamento mayor y del trinquete = Drosse de racage *ou* Lanière de la grande voile et de la voile de misaine.

APAREJO = Palan.

Aparejo grande = Grand palan.

Aparejo chico *ó* aparejuelo = Petit palan.

Aparejo doble = Palan double.

Aparejo de amante = Palan à itague.

Aparejo de bolina = Palan de bouline.

Aparejo de gancho = Palan à croc.

Aparejo *ó* moton de rabiza = Palan à fouet.

Aparejos *ó* estrelleras de la caña del timon = Palans de la barre du gouvernail.

Aparejos *ó* estrelleras de los lados del timon = Palans aux côtés du gouvernail.

Aparejos de combes = Palans d'amures *ou* Palans du maître, *qui n'ont aucune destination particulière.*

Aparejos del penol = Palans de bout de vergue.

Aparejos de roli, del penol *ó* de balance = Palans de roulis des basses vergues.

Aparejo real = Caliorne.

Corona del aparejo real = Pantoire *ou* Pendeur de caliorne.

Driza del aparejo real = Drisse de caliorne.

Moton del aparejo real = Poulie de caliorne.

Veta del aparejo real = Garant de caliorne.

Aparejo del palo mayor = Caliorne du grand mât.

APAREJO DE TRINQUETE = Caliorne de misaine *ou* Candelette.

APAREJO DE MESANA = Caliorne d'artimon.

APAREJO DE GATA = Capon.

GANCHO DEL APAREJO DE GATA = Croc de capon.

MOTON DEL APAREJO DE GATA = Poulie de capon.

VETA DEL APAREJO DE GATA = Garant de capon.

APAREJO, CABULLERÍA, APAREJO PENDIENTE — APAREJO PENDIENTE, XARCIA MUERTA, CABOS FIRMES — APAREJO PENDIENTE, CABULLERÍA, XARCIA — APAREJO DEL NAVÍO — APAREJO ó XARCIA DE UN NAVÍO = Gréement *ou* Garniture d'un vaisseau — Manœuvres dormantes — Agrès *ou* Gréement — Manœuvres, agrès et garniture du vaisseau — Garniture d'un vaisseau.

APAREJOS = Apparaux.

APAREJO DE PESCAR = Ligne de pêche armée de ses hameçons.

APAREJUELO DE PORTA = Palan de sabord.

APAREJUELOS DE PORTAS = Palanquins des sabords.

APARTARSE DE UNA ARMADA = Se séparer d'une armée.

NAVÍO APARTADO = Vaisseau séparé.

APARTARSE DE UN NAVÍO = s'Éloigner d'un vaisseau, Déborder.

APEADA, ÁNCLA APEADA = Ancre en mouillage.

A PLOMO, DERECHAMENTE = Aplomb *ou* d'Aplomb.

APOSTILLA, NOTA, INFORME = Apostille sur un rôle.

APRETARSE = Se serrer.

APROADO, NAVÍO QUE ESTÁ DEMASIADO APROADO = Vaisseau qui est trop sur le nez.

APROADO Á LA MAR = Debout à la lame.

APROAR = Éviter, Louvoyer sur ses ancres.

    Aproar á la marea = Éviter à la marée.

    Aproar al viento = Éviter au vent.

APROXÌMARSE de la tierra = Courir sur la terre.

APUNTALAR = Mettre des béquilles.

    Apuntalar un barco = Embourder, tenir droit un bâtiment échoué.

    Apuntalar un navío sobre el astillero = Accorer un vaisseau sur le chantier.

    Apuntalar las bitas = Accorer les bittes.

APUNTAR, hacer la puntería = Pointer, Prendre sa mire.

    Apuntar un cañon ó hacer la puntería = Pointer un canon.

    Apuntar para desarbolar = Pointer à démâter.

    Apuntar para echar á pique = Pointer à couler bas.

    Apuntar á proa = Pointer en chasse.

AQUARTELAR unas velas = Traverser des voiles.

ARADOR ó piña = Cochoir, *dans une corderie.*

ARANDELA del timon = Braie d'en dedans du gouvernail.

    Arandelas de la artillería, gualdrines = Faux-mantelets, Faux-sabords.

ARAÑA = Araignée.

    Araña de las cofas = Araignée des hunes.

    Pernadas de la araña = Marticles d'araignée.

ARBOLADO, barco arbolado en bergantin = Bâtiment mâté en brig.

    Arbolado en galera = Mâté en galère.

    Arbolado en polaca = Mâté en polacre.

    Arbolado á tres palos = Mâté à trois mâts.

ARBOLADO Á TIPLE = Mâté à pible.

ARBOLADURA = Mâture, assemblage de tous les mâts d'un vaisseau.

  ARBOLADURA DE UN BERGANTIN *ú* OTRO BARCO = Mâture d'un brig *ou* autre bâtiment.

  ARBOLADURA, MÁQUINA DE ARBOLAR = Machine à mâter *ou* Mâture.

  OBRADOR DE LA ARBOLADURA = Atelier de la mâture.

ARBOLAR = Mâter.

  ARBOLAR UN PALO = Arborer un mât.

  ARBOLAR UN NAVÍO = Arborer les mâts, Mâter un vaisseau.

  ARBOLAR EL CODASTE DE UN NAVÍO = Mâter l'étambot d'un vaisseau.

  ARBOLAR UN PUNTAL = Mâter une épontille.

  ARBOLAR UNA BANDERA = Arborer un pavillon.

ARBOLILLO, ESTANCA = Matereau, Espar; *brins de bois pour faire des mâts de perroquet ou des bout-dehors.*

ARCADAS = Cloisons de la cale dans la longueur du vaisseau.

ARCHIPIELAGO = Archipel.

ARCO = Cercle gradué d'un instrument à réflexion.

  ARCO = Arc, règle pliante *ou* montée.

  ARCO SOBRE EL MOLINETE CON SUS CABILLAS = Ratelier à chevillots au-dessus du vindas.

  ARCO *ó* CABEZA DE LOS TABLONES DE LOS CASTILLOS = L'arc au commencement des rabattues.

  ARCOS = Anneaux de bois pour les voiles d'étai.

  ARCOS DE LEÑO, TACOS REDONDOS = Taquets ronds, Anneaux de bois.

ARDIENTE, NAVÍO ARDIENTE = Vaisseau ardent.

ARENA = Sable.

ARENA MOVEDIZA = Sable mouvant.

ARENAL, PLAYA = Platin, rivage plat et sablonneux.

ARENILLA, ROBAR ARENILLA = Manger du sable.

ARGANEO DEL ÁNCLA = Arganeau *ou* Organeau de l'ancre.

ARGOLLA, GARRUCHO = Bague pour enverguer une voile.

ARGOLLA = Anneau, Boucle.

ARGOLLAS DE LA LANCHA = Anneaux de la chaloupe.

ARGOLLAS DE LAS VERGAS = Anneaux des vergues.

ARGOLLAS TRIANGULARES = Échaudis.

ARGOLLON = Gros anneau, grosse boucle.

ARGUZINO = Argousin.

ARMADA = Armée navale, Flotte de guerre.

LAS ALAS DE UNA ARMADA = Les ailes d'une armée.

ARMADILLA = Armadille, petite armée navale.

BARCO DE ARMADILLA = Bâtiment en station.

ESTAR DE ARMADILLA = Être en station.

ARMADOR = Armateur, propriétaire d'un bâtiment.

ARMAMENTO = Armement d'un bâtiment, le matériel nécessaire à l'équipement d'un vaisseau.

NAVÍO EN ARMAMENTO = Vaisseau en armement.

ARMAR, APAREJAR UN NAVÍO = Armer un vaisseau.

ARMAR, DOTAR = Équiper en hommes et en objets.

ARMAR BÁNDOLAS = Mâter avec des espars, après un démâtage.

ARMAR UN BOTE = Armer un canot.

ARMAR EL CABRESTANTE = Mettre du monde au cabestan.

ARMAR LOS REMOS = Armer les avirons.

ARMAR EN CORSO = Armer en course.

ARMAR UNA PRESA = Armer une prise.

ARMAZON DE GRIMPOLON = Fût *ou* Bois de girouette.

ARMERIA = Ratelier d'armes.

ARMERO DE UN NAVÍO = Armurier d'un vaisseau.

ARPEO = Grapin.

ARPEO DE ABORDAR = Grapin d'abordage.

ARPEO DE MANO = Petit grapin d'abordage à jeter à la main.

ARPEO PARA CORTAR EL APAREJO DEL ENEMIGO = Grapin tranchant de bout de vergue.

ARPON (*voyez* HARPON).

ARQUEADOR = Jaugeur.

ARQUEAR = Jauger.

ARQUEO, BUCOSIDAD = Jaugeage, Capacité, Port d'un bâtiment.

ARQUITECTURA NAVAL, ARTE DEL CONSTRUCTOR, ARTE DEL CARPINTERO DE NAVIO = Architecture navale, Art de la construction.

ARRACA = Racambeau du grand foc *ou* Cercle pour amurer le grand foc.

ARRANCAR EL ÁNCLA = Déraper, Déplanter l'ancre.

ARRASTRADO, ESTAR ARRASTRADO POR LA CORRIENTE = Être drossé par les courans.

ARRAYGADAS = Haubans de revers *ou* Gambes de hune.

ARRAYGADO = Dormant d'une manœuvre.

HACER ARRAYGADO = Faire dormant.

ARRAYGADO, ESTRIBO DE UN MOTON = Ringot *ou* Porte-corde d'une poulie.

ARREATAR *ó* TRINCAR = Rouster *ou* faire une rousture.

ARRECIFE, RESTINGA, PIEDRAS, BAXÍO, ESCOLLOS, ABROJOS = Écueils, Brisans, Chaînes de roches.

ARRECLAMAR = Étarquer, Mettre en coche.
  ARRECLAMAR GAVIA = Étarquer le grand hunier, le mettre en coche.

  GAVIAS ARRECLAMADAS = Huniers hissés en coche.

ARREGLAR SU VELAMEN = Régler sa voilure.

ARRETRANCA, MOSTACHO *ó* BOZA DE LA CEBADERA = Civière, Moustache *ou* Suspente de la vergue de civadière.

ARRIA ! = Amène !
  ARRIA POCO Á POCO ! = File en douceur ! Amène en douceur !

ARRIAR = Filer, Mollir, Affaler, Amener, Arriser.
  ARRIAR CABLE *ó* ARRIAR MAS CABLE = Filer du cable, Filer sur l'ancre.
  ARRIAR UN POCO, DAR UN SALTO = Filer un peu de cable.
  ARRIAR UNA AMARRA = Filer une amarre.
  ARRIAR UN CABO = Filer une manœuvre.
  ARRIAR LAS ESCOTAS DE LAS VELAS DE PROA PARA ORZAR = Filer les écoutes des voiles d'avant.
  ARRIAR, DAR JUEGO, LASCAR, AFLOXAR UN CABO = Mollir un cordage, donner du mou.
  ARRIAR LA CAÑA = Mollir la barre.
  ARRIAR LOS OBENQUES = Mollir les haubans.
  ARRIAR GAVIA = Riser, Amener un hunier.
  ARRIAR LAS GAVIAS SOBRE EL TAMBORETE = Amener les huniers sur le ton.

ARRIAR UNA VELA EN BANDA, DE GOLPE = Amener en paquet.

ARRIAR Á MEDIO MASTELERO = Amener à mi-mât.

ARRIAR LA BANDERA = Amener le pavillon.

ARRIAR BANDERA, ENTREGARSE AL ENEMIGO = Rendre un vaisseau à l'ennemi.

ARRIAR EL ÁNCLA SOBRE EL CAPON, ARRIAR LA UÑA = Faire penau.

ARRIAR Ó DESVIRAR AL CABRESTANTE = Dévirer au cabestan.

ARRIBA! = Arrive!

ARRIBA! BARLOVENTO LA CAÑA! = Barre à arriver! Arrive!

NO ARRIBA! = N'arrive pas!

NO ARRIBA MAS! = N'arrive pas plus!

ARRIBA TODO! = Arrive tout!

ARRIBA VIENTO EN POPA! = Arrive vent arrière!

ARRIBA! ARRIBA! Ó TODO EL MUNDO POR ARRIBA! = En haut tout le monde!

ARRIBADA, ABATIMIENTO = Abattée.

ARRIBADA = Arrivée.

LUGAR DE ARRIBADA = Lieu d'arrivée.

IR DE ARRIBADA = Relâcher par mauvais temps.

ARRIBAR = Arriver, obéir au vent.

ARRIBAR DERIVANDO = Aller en dépendant.

ARRIBAR POCO Á POCO PARA MONTAR UN CABO = Arriver en dépendant, en rondissant.

ARRIBAR CON VIENTO Á POPA CERRADO = Arriver vent arrière.

ARRIBAR, LLEGAR = Arriver, Prendre terre.

ARRIBAR, TOMAR TIERRA = Relâcher, Faire escale dans un port.

ARRIBAR Á TIERRA = Arriver à terre.

ARRIBAR SOBRE UN NAVÍO, SOBRE EL ENEMIGO = Arriver sur un vaisseau, sur l'ennemi.

ARRIBAR TODO = Arriver tout.

ARRIBAR TODO PARA CORRER VIENTO EN POPA = Arriver tout plat.

ARRIZAR LA LANCHA ó UN BOTE Á BORDO = Mettre la chaloupe ou un canot à bord.

ARRUFO DE LAS CUBIERTAS = Tonture, Relèvement des ponts.

DAR ARRUFO = Tonturer.

ARRUMAR ó ESTIVAR = Arrimer des marchandises.

ARSENAL DE MARINA = Arsenal de marine.

ARTE DEL CONSTRUCTOR (voyez ARQUITECTURA NAVAL).

ARTILLERIA = Batterie, Canons.

ARTILLERÍA BATIPORTADA, BATIPORTAR LA ARTILLERÍA = Canons à la serre, Mettre la batterie à la serre.

ARTILLERÍA DE UN NAVÍO = Artillerie d'un vaisseau.

ARTILLERÍA DE TIERRA = Artillerie de terre.

PIEZA DE ARTILLERÍA = Pièce d'artillerie.

ARTILLERO = Canonnier.

ARTILLERO DE PREFERENCIA = Aide-canonnier.

ASADOR DE BOMBA, SACANABO = Croc de pompe.

ASEGURACION = Police d'assurance.

ASEGURADO, NAVÍO ASEGURADO = Vaisseau assuré.

ASEGURADOR = Assureur.

ASEGURAR UN NAVÍO = Assurer un vaisseau.

ASEGURAR MERCANCÍAS = Assurer des marchandises.

ASEGURAR EL ÁNCLA CON LA BOZA DE LA UÑA = Brider l'ancre contre le bord avec la serre-bosse.

Asegurar brazos contrabolinas = Appuyer les bras du vent.

ASERRAR = Scier du bois.

ASERRADOR = Scieur de long.

ASI ! = Comme cela !

ASIENTO de un navío = Assiette d'un vaisseau.

Dar á un navío su asiento = Mettre un vaisseau dans son assiette.

ASOCAR ó socar = Souquer.

ASTA de bandera = Bâton d'enseigne, Gaule d'enseigne *ou* Mât de pavillon.

Asta de bandera del bauprés = Bâton du pavillon de beaupré.

Asta de gallardete = Bâton de flamme.

Asta ó astilla de la grimpola = Bâton de girouette.

Asta con su bichero = Bâton, Gaffe *ou* Perche.

Asta de bichero = Manche de gaffe.

Asta de hierro de bomba = Verge de pompe.

Astas de popa = Alonges de poupe.

Astas de proa = Alonges d'écubiers.

ASTILLA = Ecli.

Astillas muertas, obras muertas, los castillos y la toldilla = Œuvres mortes, Accastillage.

Astillas vivas, obras vivas = Œuvres vives.

ASTILLAZO = Eclat de bois, Coupeau.

ASTILLERO = Cale, Chantier de construction.

ASTRONOMIA náutica = Astronomie nautique.

ATACADOR = Refouloir de canon.

ATACAR la carga = Battre la charge, Pousser la charge au fond du canon.

Atacar al enemigo = Attaquer l'ennemi.

ATAQUE = Attaque.

ATAR, ENLAZAR UNA BONETA = Lacer une bonnette.

ATENCION! CUIDADO! = Attention!

ATLAS ó ATLANTE, ATLAS MARÍTIMO = Atlas, Neptune.

ATOAR ó HALAR UN BARCO = Touer un bâtiment.

ATRACA! = Accoste!

ATRACADO, ESTÁ ATRACADO EL BOTE? = Le canot est-il accosté?

ATRACAR ó ABORDAR = Aborder.

    ATRACAR UN BARCO = Aborder, Accoster *ou* Arriver à bord d'un bâtiment.

    ATRACAR AL MUELLE = Aborder, Accoster à quai.

    ATRACAR Á TIERRA = Aborder, Accoster à terre.

    ATRACARSE Á UNA PIEDRA = Accoster une roche, Ranger une roche à l'honneur, Ranger un rocher.

    ADONDE SE PUEDE ATRACAR = Accostable, Accessible.

ATRAS, QUEDAR ATRAS = Rester de l'arrière.

    DEXAR UN NAVÍO ATRAS = Laisser un vaisseau de l'arrière.

ATRAVESADO, ESTAR ATRAVESADO AL VIENTO = Être en travers au vent.

ATRAVESAÑOS DE LOS BAOS ó DE LAS LATAS, ENTREMICHES = Entremises, Clefs, *terme de charpentage* — Traversins des baux *ou* Barrotins.

ATRAVESAR UNA ARMADA = Traverser une armée.

    ATRAVESAR UNA LÍNEA = Traverser une ligne.

    ATRAVESAR LAS OLAS = Traverser la lame.

    ATRAVESARSE, ACODERARSE = Présenter le travers en s'embossant.

    ATRAVESARSE SOBRE UN CABLE ó UNA ROCA = s'Entraverser sur un cable *ou* sur une roche.

AVANGUARDIA, VANGUARDIA = Avant-garde.

AVENTAR, *hablando de las tablas* = Larguer, s'Ouvrir, *en parlant des bordages*.

  AVENTAR ESTOPAS—AVENTAR LAS COSTURAS, ESCUPIR LAS ESTOPAS = Vomir les étoupes — Cracher les étoupes.

AVENTURA GRUESA = Bomerie, Grosse aventure.

AVERIA = Avarie.

  AVERÍA GRUESA = Avarie grosse *ou* commune.

  AVERÍA ORDINARIA, SOMBRERO Y OTROS GASTOS = Avarie ordinaire, chapeau et autres.

  AVERÍA PARTICULAR = Avarie simple *ou* particulière.

AVERIADO = Avarié.

AVISO, CORREO = Aviso, Paquebot.

AVITONES *ó* ABITONES = Bittes aux pieds des mâts pour drisses *ou* écoutes.

AVITUALLA = Avitaillement.

AVITUALLAR = Avitailler.

AXÎOMETRO = Axiomètre.

AYUDA DE VIRADOR *ó* BATICOLO = Braguet pour mât de hune.

AYUDANTE = Adjudant, Officier major.

  SUB-AYUDANTE = Sous-adjudant.

  AYUDANTE = Aide.

  AYUDANTES CARPINTEROS = Aides-charpentiers.

  AYUDANTES CIRUJANOS = Aides-chirurgiens.

  AYUDANTES VELEROS = Aides-voiliers.

  AYUDANTES DEL COCINERO *ó* DE COCINA = Aides du cuisinier *ou* de cuisine.

  AYUDANTE DEL DESPENSERO = Maître-valet.

AYUSTAR, HACER GARRUPO, AYUSTAR DÓS CABOS = Ajuster, Faire un ajust.

AYUSTE = Ajust.

    AYUSTE DE LOS CABLES = Épissure des cables.

    AYUSTE CON COLA DE PATO = Assemblage à queue d'hironde.

    AYUSTE, JUNTA, ESCARPE = Écart.

AZAFRAN DEL TIMON = Safran du gouvernail.

AZIMUTAL, AGUJA AZIMUTAL = Compas azimutal.

AZOTE DE CABOS = Fouet.

BAG

BABOR = Bábord.

    LA BANDA DE BABOR = Le côté de bâbord.

    BABOR LA CAÑA ! = Bâbord la barre !

    BABOR UN POCO ! = Bâbord un peu !

    BABOR TODO ! = Bâbord tout !

    GUARDIA DE BABOR = Les bâbordais.

    FUEGO BABOR ! = Feu bâbord !

BADAZAS = Garcettes de bonnettes.

    BADAZAS DE UNA BONETA, LAS POAS = Boutons *ou* Pattes des bonnettes maillées.

BADAZOS = Œillets *ou* Gances *qui servent pour lacer les bonnettes aux voiles.*

BADERNA, BADERNON, PALLETE = Baderne, Fourrure en vieux cordage.

    BADERNA, MOGEL = Garcette, Fouet.

BAGAGE DE LOS MARINEROS = Hardes des matelots.

BAGARAS *ó* VAGARAS = Lisses d'exécution, *bordages placés extérieurement et à faux-frais pour maintenir les couples de levées quand on monte un bâtiment.*

BAHIA, RADA = Rade, Baie.

    BAHÍA GRANDE = Grande rade.

    BAHÍA PEQUEÑA = Petite rade.

    BAHÍA Ó RADA AL ABRIGO DE LOS VIENTOS = Rade close, Bonne rade.

    BAHÍA MALA = Mauvaise rade.

    BAHÍA DESABRIGADA, RADA ABIERTA = Rade foraine, Rade ouverte.

    BAXAR Á BAHÍA = Mettre en rade.

    ESTAR EN BAHÍA = Être en rade.

    NAVÍO EN BAHÍA = Vaisseau en rade.

    CAMPAÑA DE BAHÍA = Campagne de rade.

    BOCA DE UNA BAHÍA = l'Entrée ou l'Ouvert d'une baie.

BALA = Boulet.

    BALAS ENCADENADAS Ó DE CADENA = Boulets enchaînés; Boulets à l'ange.

    BALAS DE PALANQUETA Ó ENRAMADAS = Boulets ramés ou à deux têtes.

    BALAS DE DOS CABEZAS Ó DE PALANQUETA FRANCESA = Demi-boulets ramés.

    BALAS RAZAS = Boulets ronds.

    BALAS ROXAS = Boulets rouges.

BALANCE = Roulis.

    BALANCES DE UN NAVÍO = Mouvemens d'un vaisseau, Roulis.

BALANCEADOR, BARCO BALANCEADOR = Bâtiment rouleur.

BALANCEAR = Rouler.

BALANDRA, CUTTER = Cutter—Bélandre—Bâtiment à un mât.

BALAUSTRES DE LA GALERÍA DE UN NAVÍO = Pilastres de la galerie d'un vaisseau.

BALAZO = Trou que fait un coup *ou* un boulet de canon.

BALDE = Seau de cuir.

BALDEAR *ó* VALDEAR UN NAVÍO = Laver un vaisseau.
BALDEAR *ó* VALDEAR LA CUBIERTA = Laver le pont.

BALERO = Cuiller à brai.

BALESTRILLA = Flèche, *instrument ancien pour prendre hauteur.*

BALIZA = Balise, Bouée, Marque.
DERECHO DE BALIZA = Droit de balise.
LAS BALIZAS DE UN CABLE = Les flottes d'un cable.

BALIZAR (*voyez* ABALIZAR).

BALSA, ESTAR HECHO UNA BALSA = Être démâté ras comme un ponton.

BALZO = Chaise que l'on fait avec le bout d'une manœuvre pour hisser un gabier.
BALZO POR EL SENO = Nœud d'agui à élingue.

BANCO, BAXÍO = Sèche, Bas fond.
BANCO DE ARENA Y ARCILLA = Banc de sable et d'argille.
BANCO DE HIELO = Banc de glace.
EL CANTIL *ó* EL BERIL DE UN BANCO = L'accore d'un banc.
SALIR DEL BERIL *ó* DEL CANTIL DEL BANCO = Débanquer, Quitter les accores d'un banc.
BANCO DE UN BOTE = Banc d'un canot.
BANCO DE UNA LANCHA = Banc d'une chaloupe.
BANCO DE REMERO = Banc de rameur.
LOS BANCOS EN UN DIQUE = Les bancs dans un bassin.

BANDA = Bande, Côte.
BANDA DEL NORTE = Bande du Nord, la côte du Nord.

Banda del Sud = Bande du Sud, le côté du Sud.

La banda de un navío = Le côté d'un vaisseau.

La banda de babor = Le côté de bâbord.

La banda de estribor = Le côté de tribord.

Falsa banda de un navío = Faux-côté d'un vaisseau.

Saltar á la banda = Passer sur le bord.

Salta gente á la banda! = Passe du monde sur le bord!

Cuerda en banda = Cordage largue.

Escota en banda = Écoute largue.

Larga en banda! = Largue en bande!

BANDERA = Pavillon — Enseigne.

Bandera de bauprés = Pavillon de beaupré.

Bandera de combate, bandera roxa = Pavillon de guerre, Pavillon de combat.

Bandera de consejo = Pavillon de conseil.

Bandera de corneta = Pavillon fendu en cornette.

Bandera de corneta con una lengua = Pavillon à trois pointes.

Bandera en morron = Pavillon en berne.

Bandera nacional = Pavillon national.

Bandera neutral = Pavillon neutre.

Bandera de paz, bandera blanca = Pavillon de paix, Pavillon parlementaire.

Bandera de popa = Pavillon de poupe.

Bandera quadrada en el tope = Pavillon de commandement.

Bandera de señas = Pavillon de signaux.

Capitan de bandera = Capitaine de pavillon.

Hacer bandera = Faire pavillon, Déployer le pavillon.

Izar la bandera = Hisser le pavillon.

Arriar la bandera = Amener le pavillon.

LARGURA Y ANCHURA DE LA BANDERA = Le battant et le guindant d'un pavillon.

ASTA DE BANDERA = Mât de pavillon.

DRIZA DE BANDERA = Drisse de pavillon.

BANDOLAS = Mâts de fortune.

ARMAR BÁNDOLAS = Installer des mâts de fortune, Mâter avec des espars *ou* des matereaux.

BANQUETA DE CALAFATE = Selle de calfat.

BAÑADERA = Escope longue pour calfat.

BAO = Barrot, Bau.

BAO PRINCIPAL, BAO MAESTRO = Maître-bau.

BAOS EN EL AIRE, BAOS LEVADIZOS, BAOS VACIOS, BAOS DE QUITA Y PON, BAOS DEL SOLLADO = Faux-baux *ou* Baux du faux-pont, Baux volants.

BAOS DE UN PALO = Élongis d'un mât.

BAOS DE COFA = Longis *ou* Élongis de hune, Barres maîtresses de hune.

BAOS Y CRUCETAS DE JUANETE = Barres de perroquet.

BARANDAS = Lisses d'appui, Lisses de garde-corps, Lisses de fronteau.

BARATERIA = Baratterie de patron.

BARBARA, SANTA BÁRBARA = Sainte-Barbe.

BARBETA = Bridure *ou* Genope.

BARBIQUEJO = Barbejean, Sous-barbe de beaupré.

BARCA = Barque.

BARCA LLANA = Prame.

BARCA DE LOS PESCADORES DE ARENQUE = Buche barque de pêcheurs de harengs.

BARCO = Bâtiment, Navire de toute espèce (*voye* NAVIRE).

Barco abierto, barco desguarnecido = Bâtiment crevé.

Barco alteroso de popa = Bâtiment enhuché.

Barco bombardero, bombarda = Galiote à bombes.

Barco cazador = Bâtiment chasseur.

Barco de la costa *ó* barco costeño = Bâtiment caboteur *ou* cabotier.

Barco crucero = Bâtiment croiseur.

Barco cubierto = Bâtiment ponté.

Barco que no está cubierto = Bâtiment non ponté.

Barco desmantelado = Bâtiment désemparé, qui a tout en pantenne.

Barco emparchado = Bâtiment crevé dont les trous sont bouchés avec des prélarts *ou* des voiles lardées.

Barco empeñado sobre la costa = Bâtiment affalé sur la côte.

Barco estrellado á la costa = Bâtiment brisé sur la côte.

Barco fino = Bâtiment fin, qui a les fonds fins.

Barco fletado = Bâtiment freté.

Barco de guerra = Bâtiment de guerre.

Barco limpio = Navire propre.

Barco llano = Bâtiment à fond plat.

Barco mercantil, barco de comercio = Bâtiment marchand.

Barco mercantil que comercia furtivamente adonde no debe = Commerce interlope.

Barco que obedece al timon = Bâtiment qui gouverne bien.

Barco que no obedece al timon = Bâtiment qui gouverne mal — Bâtiment lâche.

Barco de pasage = Bateau de passage — Bac.

Barco pescador = Bateau pêcheur.

BARCO CON POPA DE CUCHARRO *ó* REDONDA = Bâtiment à poupe ronde.

BARCO CON POPA LLANA = Bâtiment à poupe carrée.

BARCO CON POPA DE PINQUE = Bâtiment à poupe étroite.

BARCO QUEBRANTADO = Bâtiment cassé.

BARCO REDONDO = Bâtiment à voile quarrée.

BARCO REFORZADO DE COSTADO = Bâtiment qui est fort d'échantillon, fort de côté.

BARCO RUERNO, CALABAZO *ó* PORRON = Bâtiment patache, lourd, qui ne marche pas.

BARCO SENCILLO DE COSTADO = Bâtiment foible en bois.

BARCO QUE SIRVE PARA EL TRATO DE LOS NEGROS = Négrier, bâtiment pour la traite des nègres.

BARCO SÚCIO = Navire sale.

BARCO QUE TIENE LANZAMIENTO DE PROA = Bâtiment qui est élancé.

BARCO TINGLADO = Bâtiment bordé à clin.

BARCO TORMENTOSO = Bâtiment qui se tourmente.

BARCO *ó* NAVÍO DE TRANSPORTE = Bâtiment de transport.

BARCO VELERO = Fin voilier, Bâtiment bon voilier.

ADONDE VA EL BARCO? = Où va le navire?

DE DONDE VIENE EL BARCO? = D'où vient le navire?

BARCOS ABARLOADOS = Bâtimens amarrés côté à côté.

BARENGA (*voyez* VARENGA).

BARLOA = Hale-à-bord, *cordage pour accoster une embarcation.*

BARLOAR (*voyez* ABARLOAR).

BARLOARSE AL MUELLE = Se ranger à quai.

BARLOVENTO, Á BARLOVENTO = Au vent.

ESTAR Á BARLOVENTO = Avoir le dessus du vent.

Costa de barlovento = Côte *ou* Terre qui est au vent.

Costado de barlovento = Côté du vent.

BARQUILLA de la corredera = Bateau de loch.

BARRA = Barre, Banc de sable.

Barra de enzunchar = Billard, barre de fer qui sert pour chasser les cercles des bas mâts.

Barra de prision = Barre de justice.

Barras de cabrestante = Barres de cabestan.

Bocabarras = Trous des barres du cabestan.

Barras de cocina = Barres de cuisine.

Barras de hierro para escotillas = Barres d'écoutilles en fer.

BARRADA, *accion de encallar* = Échouage *ou* Échouement.

BARRADO sobre la costa = Échoué sur la côte.

BARRAGANETES, astas, revés *ó* genoles de revés = Alonges de revers.

BARRALES = Grillages pour échouer les bâtiméns.

BARRAR, tocar = Toucher le fond.

Barrar encima de una piedra = Toucher *ou* Échouer sur une roche.

Barrar *ó* encallarse á la costa = Échouer *ou* s'Échouer à la côte.

Barrarse *ó* perderse encima de una piedra = Se perdre sur une roche.

BARRENA, taladro = Tarrière.

Barrena de caracolillo por el oido de los cañones = Vrille à canon.

Barrena de gusano = Vrille de charpentier.

BARRENA DE MEDIA CAÑA = Cuiller de pompe, Rouane de pompe.

BARRENADO, EL BARRENADO = Le perçage.

BARRENAR = Percer.

BARRETA = Latte de caillebotis, petite latte pour faire des caillebotis.

BARRIDO, ESTAR Á PLAN BARRIDO = Être tout lège.

BARRIL = Barrique.
BARRIL DE AGUA = Baril de galère *ou* Baril à l'eau.

BARRILETE DE ESTAY = Pomme d'étai.
BARRILETES DEL VIRADOR DE CUBIERTA = Pommes *ou* Boutons de tournevire.

BARROTE *ó* LATA = Latte entre les barrots.

BARROTINES = Barrotins, petits Barrots.

BASOLAS *ó* ANGUILAS = Anguilles pour faire le ber d'un bâtiment qu'on veut lancer à la mer — Coittes.

BASOS DE CUNA = Soles du berceau.

BASTARDO = Bâtard de racage.

BASTIDOR = Cadre en bois pour mettre dans le hamac à l'anglaise.

BATALLOLA = Batayolle, Lisse de batayolle, Filaret de bastingage, Rambade.
BATALLOLAS = Porte-vergues *ou* Bras de la poulaine.
BATALLOLAS LEVADIZAS = Lisses volantes de bastingage.
BATALLOLAS LEVADIZAS DE LOS PASAMANOS = Batayolles des bastingages des passe-avants.

BATEA = Acon, Chalan, Ponton.

BATEL, BARCO, BOTE = Bateau.

BATERIA = Batterie.

BATERÍA AHOGADA = Batterie noyée.

BATERÍA BATIPORTADA = Batterie à la serre.

BATERÍA BAXA = Batterie basse.

LA PRIMERA BATERÍA = La première batterie.

BATERÍA DE COMBES = La seconde batterie d'un vaisseau à deux ponts *ou* la troisième d'un vaisseau à trois ponts.

PONER ó METER LOS CAÑONES EN BATERÍA = Mettre la batterie aux sabords.

BATICOLO ó AYUDA DE VIRADOR = Braguet pour mât de hune.

BATIDERO DE PROA = Joue d'un bâtiment.

BATIDERO DE GAVIA = Tablier de hunier.

BATIDERO DE LAS VELAS = Tablier des voiles.

BATIPORTAR LA ARTILLERÍA = Mettre la batterie à la serre.

BATIPORTE = Seuillet de sabord.

BATIPORTES ALTOS ó SUPERIORES = Seuillets d'en haut.

BATIPORTES DE ABAXO = Seuillets d'en bas.

BATIPORTES DE LOS LADOS DE LAS PORTAS = Montans des sabords (*voyez* SOMMIER).

BAUPRÉS = Beaupré.

PALO DE BAUPRÉS = Mât de beaupré.

MOSTACHOS, VIENTOS ó PATARAES DEL BAUPRÉS = Haubans de beaupré.

BAUTISMO = Baptême en mer.

BAUTIZAR = Baptiser.

BAXA MAR = Basse mer, Mer basse.

BAXAR Á BAHÍA = Mettre en rade.

BAXAR UN RIO, VENIR RIO ABAXO = Descendre une rivière.

Baxar á tierra, saltar á tierra = Descendre à terre.

BAXIO , arrecife, restinga, banco de roxas = Basse, Haut fond — Banc de roches.

BAXO bordo, navío de baxo bordo = Vaisseau de bas bord.

BAYBEN = Ligne, quarantenier à six fils, *espèce de cordage.*

Bayben alquitranada = Ligne goudronnée *ou* Ligne noire.

BAZOS = Ber *ou* Berceau pour lancer un bâtiment à la mer.

BERGANTIN = Brick, *sorte de navire* — Brigantin.

BERIL *ó* cantil de una peña, de un banco = L'accore d'une roche, d'un banc.

Salir del beril *ó* del cantil del banco = Débanquer, quitter les accores d'un banc.

BERTELLO (*voyez* vertello).

BETA de un aparejo = Garant d'un palan.

Beta del aparejo real = Garant de caliorne.

Beta de estrellera = Garant de candelette.

Beta de gata = Garant de capon.

La beta está mordida = Le garant est engagé.

BÉTICA = Cheville à mantonière dans un affût de canon.

BETUN = Courai.

Dar betun = Donner un courai.

BICHERO, botador = Gaffe.

Asta de bichero = Manche de gaffe.

Hierro de bichero = Fer de gaffe.

BIGOTA (*voyez* vigota).

BINATERRA. = Manchette.

BISAGRA = Couplet pour armoire, Penture pour porte *ou* sabord.

    BISAGRAS DE LAS PORTAS = Pentures de sabords.

BITA DEL PAL DEL MOLINETE = Potence des élinguets.

BITACORA = Habitacle.

BITADURA = Bitture.

    TOMAR BITADURA = Prendre le tour de bittes, Prendre une bitture.

    TOMAR BITADURA DE N BRAZAS = Prendre une bitture de N de brasses.

    QUITAR BITADURA = Lever les tours de bittes.

BITAR EL CABLE = Bitter le cable.

BITAS = Bittes pour les cables.

    CARLINGA DE LAS BITAS = Carlingue des bittes.

    COLUMNAS DE LAS BITAS = Montans des bittes, Piliers des bittes.

    CRUCETA DE LAS BITAS = Traversin *ou* Coussin des bittes.

    CURVAS DE LAS BITAS = Courbes des bittes.

    PAJA DE BITAS = Paille de bittes.

    LAS BITAS DEL MOLINETE = Les bittes latérales du vindas.

BLINDAGE = Blindage.

    HACER BLINDAGE = Blinder.

BLOQUEAR UN PUERTO = Bloquer un port.

BOBEDA (*voyez* BÓVEDA).

BOCA DE UNA BAHÍA = l'Ouvert d'une baie — l'Entrée d'une baie.

    BOCA DE LOBO = Trou du chat — Gueule de raie.

Boca de lobo del tamborete = Trou *ou* Canal dans un chouquet, pour passage du mât de hune.

Boca de la verga de mesana = Croissant du pic.

BOCABARRAS = Trous des barres du cabestan.

BOCINA = Porte-voix, Trompe.

BODEGA = Cale, fond de cale d'un vaisseau.

BODEGUERO = Calier, Gardien de la cale.

BOGA = Nage.

Dar la boga = Donner la nage.

BOGADOR, remero = Nageur.

BOGAR, ir al remo = Nager, Ramer, Voguer, Aller à l'aviron.

Boga! = Nage!

Boga estribor! = Nage tribord!

Boga estribor y cia babor = Nage tribord et scie bâbord.

Boga limpio! = Nage à sec!

Bogar arrancado, bogar á todos remos = Faire force de rames.

Bogar llano = Nager plat.

Bogar largo = Nager de long.

Bogar en pie = Nager debout.

Bogar por quarteladas = Nager successivement les avirons pairs et impairs.

BOGAVANTE = Vogue-avant.

BOLICHE de velacho = Bouline du petit hunier.

Boliche del juanete mayor = Bouline du grand perroquet.

Boliche del juanete de proa = Bouline du petit perroquet.

Boliche del sobrejuanete mayor = Bouline du grand perroquet volant.

BOLICHE DEL SOBREJUANETE DE PROA = Bouline du petit perroquet volant.

BOLICHE DE SOBREMESANA = Bouline du perroquet de fougue.

BOLICHE DEL PERIQUITO = Bouline de la perruche.

HALA BOLICHE DEL VELACHO! = Hale la bouline du petit hunier!

HALA BOLICHE DEL PERIQUITO! = Hale la bouline de perruche !

BOLINA = Bouline.

BOLINA MAYOR = Bouline de la grand'voile *ou* Grande bouline.

BOLINA DEL TRINQUETE = Bouline de la misaine.

BOLINA DE GAVIA = Bouline du grand hunier.

BOLINA DE BARLOVENTO = Bouline du vent.

BOLINA DE SOTAVENTO = Bouline de revers.

GARRUCHOS DE BOLINA = Pattes de bouline.

POAS DE BOLINA, MACHOS Y HEMBRAS DE BOLINA = Branches de bouline.

VUELTA DE BOLINA = Nœud de bouline.

IR DE BOLINA = Aller à la bouline.

IR Á BOLINA APUNTADA = Aller à pointe de bouline.

HALAR, SALLAR BOLINAS = Bouliner, Haler les boulines.

BOLINAS DE COY *ó* BOLINAS DE HAMACA = Rabans de hamac.

BOLZOS DE UNA VELA = Les fanons d'une voile.

BOMBA = Pompe, Corps de pompe.

A LA BOMBA! = A la pompe!

BABOR Á LA BOMBA! = Bâbord à la pompe !

DAR Á LA BOMBA = Pomper.

ADALA DE BOMBA = Dale de pompe.

Asta de hierro de bomba = Verge de pompe.

Buraco de bomba = Lumière de pompe.

Caldero de bomba = Chaudron de pompe.

Caxa ó canal del cuerpo de la bomba = Arche de pompe.

Forro de la bomba = Fourrure de pompe.

Juego de la bomba = Jeu de pompe.

Mortero de bomba, rodilla de bomba = Chopine de pompe.

Rasqueta de bomba = Curette à pompe.

Sondaleza de bomba = Sonde de pompe.

Sondar la bomba = Sonder la pompe.

Tachuelas de bomba = Clous à pompe.

Tubo superior de la bomba = Corps de dégorgement de la pompe.

Bomba aspirante = Pompe aspirante.

Bomba de barriles = Pompe pour futailles.

Bomba de cadena ó de rosario = Pompe à chapelet.

Bomba española = Pompe à la Vénitienne, Pompe royale.

Bomba con guimbalete y picota = Pompe avec une bringuebale à l'anglaise.

Bomba de proa = Pompe de l'avant du vaisseau.

Echar agua en el tubo de la bomba = Charger *ou* Engréner la pompe.

La bomba está embarazada = La pompe est engorgée.

La bomba tira, la bomba llama = La pompe a pris, la pompe supe.

Bomba marina = Pompe de mer *ou* Trombe.

Lombarda = Bombarde.

BOMBARDERO, BARCO BOMBARDERO, BOMBARDA =
Galiote à bombes.

BOMBEAR = Bombarder.

BOMPRESO PEQUEÑO = Bout de beaupré.

BONANZA, CALMA = Bonace.

BONETA, SEGUNDA BONETA = Bonnette maillée *ou*
lacée.

BONETA FELPADA = Bonnette lardée.

ATAR, ENLAZAR UNA BONETA = Lacer une bonnette.

BONANCIBLE, VIENTO BONANCIBLE = Petit frais de
vent.

BORDA, REGALA = Plat-bord.

BORDADA, VUELTA = Bordée, course d'un bâtiment,
faire un bord en louvoyant.

HACER UNA BORDADA = Faire une bordée, un bord.

HACER BORDADAS CORTAS = Courir à petites bordées.

BORDEAR = Louvoyer — Ribomborder.

BORDO = Bord.

BORDO Á BORDO = Bord à bord.

UN BUEN BORDO, UNA BORDADA LARGA = Un bon
bord, un bord qui allonge.

UN BORDO CORTO, UNA BORDADA CORTA = Un mauvais
bord.

CAMBIAR DE BORDO, VIRAR DE BORDO = Changer de
bord, Virer de bord.

BORDO DEL NAVÍO = Bord d'un vaisseau.

IR Á BORDO = Aller à bord.

VENIR Á BORDO = Venir à bord.

BORDONES = Aiguilles pour abattre en carêne — Bigues
ou Aiguilles pour faire un appareil à mâter.

BORNEAR, APROAR = Éviter.

EL NAVÍO BORNEA = Le vaisseau évite.

BORNEO = Évitage.

BORRASCA FURIOSA = Tempéte horrible.

BOTABARRA = Bome, Gui — Baleston *ou* Livarde.

BOTADOR = Rebousse — Repoussoir, outil de perçeur.

BOTALON = Bout-dehors.

BOTALON DE ALA = Bout-dehors de bonnette.

BOTALON DEL FOQUE, BOTALON DEL BAUPRÉS = Bout-dehors de foc, Bâton de foc.

BOTALON DE DESATRACAR = Espar pour pousser au large, Arc-boutant ferré.

BOTANTES DE CAZA = Coins de chantiers.

BOTAR = Pousser de fond.

BOTAR FUERA — BOTAR FUERA CON PALANCAS = Pousser au large en poussant de fond — Pousser de fond avec des gaffes.

BOTAR *ó* ECHAR UN BARCO AL AGUA = Lancer un bâtiment à l'eau.

BOTAR LA LANCHA *ó* EL BOTE AL MAR = Mettre la chaloupe *ou* le canot à la mer.

BOTAR EN VIENTO = Éventer, Présenter au vent.

BOTE = Canot — Bateau — Embarcation.

ESQUIFACION DEL BOTE = Équipage d'un canot.

PATRON DEL BOTE = Patron d'un canot.

BOTE DEL CAPITAN = Canot du capitaine.

BOTE DE PESCADOR = Bateau de pêche.

BOTE DE RONDA = Canot de ronde.

BOTE ZELOSO = Bateau jaloux.

BOTIN = Butin.

BOTON = Amarrage à plat.

    BOTON DE LOS OBENQUES = Amarrage à plat des haubans.

    BOTON PARA AMARRAR LA BONETA AL PUÑO DE LA VELA = Faux-amarrage de la bonnette maillée.

    DAR ó HACER CRUZ Y BOTON = Faire un amarrage en étrive.

BOVEDA = Voûte de la poupe d'un vaisseau.

    BÓVEDA GRANDE = Grande voûte.

    BÓVEDA PEQUEÑA, BOVEDILLA = Petite voûte.

    BÓVEDA DEL CORREDOR = Voûte de la galerie.

    NAVÍO QUE TIENE UNA BÓVEDA GRANDE = Vaisseau qui a une grande voûte.

BOYA DEL ÁNCLA = Bouée d'ancre.

    BOYA DE BARRIL = Bouée en baril.

    BOYA DE PALO = Bouée de bois.

    BOYA DE CORCHO = Bouée de liège.

    AGARRAR LA BOYA = Saisir la bouée.

    LA BOYA ESTÁ AHOGADA = La bouée est noyée.

BOZA = Bosse — Cravatte, *cordage qui soutient l'ancre suspendue derrière une chaloupe.*

    BOZA ó RABIZA DE LOS BOTALONES DE LAS ALAS = Bosse du boute-hors des bonnettes.

    BOZA DEL CABLE CON PIÑAS Y BAYBEN = Bosse à aiguillette.

    BOZA DE LA CEBADERA = Moustache de la vergue de civadière.

    BOZA DE GANCHO = Bosse à croc *ou* Barbarasse.

    BOZA DE LOS OBENQUES, BOZA DE COMBATE = Bosse à fouet.

    BOZA DE PIÑA = Bosse à bouton, Bosse de dessus le pont, à cul de porc.

    BOZA DE UÑA = Serre-bosse.

RABIZA DE BOZA = Aiguillette de bosse.

BOZA DEL BURRO *ó* DE LA CANGREJA = Faux-martinet.

BOZA DE USTAGA = Fausse-itague.

BOZA DE UNA VERGA, ESTROBO EN LA CRUZ DE UNA VERGA = Suspente d'une vergue.

BOZAS DE CADENA POR LAS VERGAS = Chaînes des vergues.

BOZAS DE LOS RIZOS = Bosses de ris, Rabans de pointure.

BOZAS DEL SOBREJUANETE = Chambrières sur les vergues de perroquet pour mettre dessus les vergues de catacois.

BOZAS PARA TRINCAR LA LANCHA = Risses de la chaloupe.

BOZAR EL ÁNCLA = Bosser l'ancre.

BOZAR EL CABLE = Bosser le cable.

BOZAR LAS VERGAS = Bosser les vergues.

BOZAR UNA XARCIA = Bosser un cordage.

BRACEAR = Brasser.

BRACEAR Á BABOR = Brasser à bâbord.

BRACEAR Á ESTRIBOR = Brasser à tribord.

BRACEAR LA CEBADERA = Brasser la civadière.

BRACEAR LA CONTRACEBADERA = Brasser la contre-civadière.

BRACEAR EN CRUZ = Brasser carré *ou* en croix.

BRACEAR POR BARLOVENTO = Brasser au vent, faire bon bras.

BRACEAR POR SOTAVENTO = Brasser à porter, décharger les voiles — Brasser sous le vent.

BRACEAR EN CONTRA Á PROA = Contre-brasser devant.

BRACEAR EN CONTRA EN EL MEDIO = Contre-brasser derrière.

BRACEAR LAS VERGAS = Brasser les vergues.

BRACEAR

BRACEAR LAS VELAS EN FACHA = Bracer à contre, Brasser à coiffer, Brasser les voiles sur le mât.

BRACEAR AL HILO = Brasser les voiles dans le vent.

BRAGADA DE UNA CURVA = Collet d'une courbe.

BRAGUERO = Brague.

BRAGUERO GRANDE PARA TIRAR UN NAVÍO Á TIERRA = Brague à tirer un vaisseau à terre.

BRAGUERO DE CAÑON = Brague de canon.

BRAGUERO ó BOZA DEL TIMON = Brague de gouvernail.

BRANDAL, BURDA = Galhauban.

BRANDALES DE GAVIA = Galhaubans du grand hunier.

BRANDALES DE VELACHO = Galhaubans du petit hunier.

BRANDALES VOLANTES = Galhaubans volants.

BRANQUE = Étrave.

CONTRABRANQUE = Contre-étrave.

ALEFRÍS DEL BRANQUE = Rablure de l'étrave.

GAZA DEL BRANQUE = Collier d'étai de misaine.

BRAZA, *medida* = Brasse, *mesure*.

Nota. Ciento y veinte y siete brazas francesas hacen ciento y veinte brazas españolas.

BRAZALES = Cornières.

BRAZALES ó PERCHAS DE PROA = Écharpes *ou* Herpes de beaupré, Lisses d'éperon *ou* de poulaine.

BRAZALOTE = Pendeur d'un bras.

BRAZALOTE DEL APAREJO DEL PENOL = Pendeur de bout de vergue.

BRAZOLAS Y ESLORAS DE LAS ESCOTILLAS = Vassoles des écoutilles.

Nota. Se llaman *Brazolas* las que estan de través, y *Esloras* las que estan á lo largo.

BRAZOS ó *brazas* = Bras.

     Brazos de las vergas = Bras des vergues.

     Brazos mayores = Bras de la grande vergue *ou* Grands bras.

     Brazos de trinquete = Bras de la misaine.

     Brazos de gavia = Bras du grand hunier.

     Brazos de velacho = Bras du petit hunier.

     Brazos del juaneté mayor = Bras du grand perroquet.

     Brazos del juanete de proa = Bras du petit perroquet.

     Brazos del sobrejuanete mayor = Bras du grand perroquet volant.

     Brazos del sobrejuanete de proa = Bras du petit perroquet volant.

     Brazos de sobremesana = Bras du perroquet de fougue.

     Brazos secos, brazos de la seca = Bras de la vergue sèche, Bras barrés.

     Brazos de periquito = Bras de la perruche.

     Brazos de cebadera = Bras de la civadière.

     Brazos de contracebadera = Bras de la contre-civadière.

     Brazos de barlovento = Bras du vent.

     Brazos de sotavento = Bras de dessous le vent.

     Contrabrazos = Faux-bras.

     Asegurar brazos contrabolinas = Appuyer les bras du vent.

     Brazos de un áncla = Bras d'une ancre.

     Los brazos de una curva = Les bras d'une courbe.

BREA = Brai.

     Brea grasa = Brai gras.

     Brea seca = Brai sec.

BRINGABALA ó CIGUEÑAL, GUIMBALETE, EL EMBÓLO DE LA BOMBA = Brimbale *ou* Bringuebale de pompe.

BRIOLES ó CRUCES DE LA VELA MAYOR = Cargue-fonds de la grand'voile.

BRIOLES ó CRUCES DEL TRINQUETE = Cargue-fonds de misaine.

BRIOLES ó CRUCES DE LA GAVIA = Cargue-fonds du grand hunier.

BRIOLES ó CRUCES DEL VELACHO = Cargue-fonds du petit hunier.

BRIOLES DE LAS VELAS DE ESTAY = Cargues des voiles d'étai.

BRIOLINES DEL JUANETE MAYOR = Cargue-fonds du grand perroquet.

BRIOLINES DEL JUANETE DE PROA = Cargue-fonds du petit perroquet.

BROMA = Ver de mer qui pique le bois de la carêne.

ESTAR PASADO DE BROMA = Être piqué des vers.

BRULOTE = Brúlot.

CANALES DE UN BRULOTE = Dales d'un brúlot.

ENVIAR UN BRULOTE = Adresser un brúlot.

BRUSCA, DAR BRUSCA Á UN BARCO = Chauffer un bâtiment pour le caréner.

BUCOSIDAD = Capacité d'un bâtiment, Port d'un bâtiment, *ce qu'il peut contenir.*

BUENA CUENTA, PRESTAMEN = Avances qu'on donne aux matelots sur leurs gages.

BUENA GUARDIA = Bon quart.

BULARCAMAS = Porques.

BUQUE = Bâtiment, *en général.*

BURACO DE BOMBA = Lumière de pompe.

BURDAS DEL JUANETE MAYOR = Galhaubans du grand perroquet.

BURDAS DEL JUANETE DE PROA = Galhaubans du petit perroquet.

BURDAS DE SOBREMESANA = Galhaubans de perroquet de fougue.

BURDAS VOLANTES *ó* BRANDALES VOLANTES = Galhaubans volants.

BURDAS FALSAS = Faux-palans de retenue.

BUREL = Burin pour passer dans l'œil du pendeur d'une caliorne — Chevillot *ou* Quinçonneau.

BURROS DE MESANA = Ourses d'artimon.

BUZARDA EN CONSTRUCCION = Guirlande en construction.

BUZARDA DEL BAUPRÉS = Guirlande de beaupré.

BUZARDA DE LOS ESCOBENES = Guirlande des écubiers.

BUZO = Plongeur.

CAB

CABALLÈTE = Chevalet de commettage, *dans une* corderie.

CABECEAR, DAR CABEZADAS = Tanguer.

CABECEAR SOBRE EL ÁNCLA, ESTAR CABECEANDO = Tanguer sur son ancre, Fatiguer beaucoup au mouillage.

EL NAVÍO ESTÁ CABECEANDO SOBRE EL ÁNCLA = Le vaisseau tangue sur son ancre.

CABEZA DE UNA TABLA = Bout *ou* Tête d'un bordage.

CABEZA DEL TIMON = Tête du gouvernail.

CABEZADA, ORFADA = Houpée, Tangage.

CABILLA = Cabillot de tournage, Tolet de tournage.

    Cabilla ó cabillon = Gournable, Cheville en bois.

    Cabillas, estantes = Cabillots, Chevillots.

CABILLERO = Chevilleur.

CABILLONES, orejas = Dames placées sur l'arrière d'une chaloupe.

CABLE = Cable.

    Cable del ayuste = Cable de la grande touée.

    Cable de leva = Cable d'affourche.

    Cable mayor, cable de esperanza, cable de forma = Maître cable.

    Cable de uso = Cable ordinaire, Second cable.

    El cable hace fuerza, el navío hace por el cable = Le cable appelle.

    El cable roza en los escobenes = Le cable se rague ou se ronge dans les écubiers.

    El cable tiene una coca = Le cable a une coque.

    El cable tiene una vuelta = Le cable a un tour.

    Adujar el cable = Lover le cable, Rouer le cable.

    Arriar cable ó arriar mas cable = Filer du cable, Filer sur l'ancre.

CABO, xarcia = Cordage.

    Cabo de dos, tres ó quatro cordones = Aussière à deux, trois ou quatre torons.

    Cabo de quatro cordones = Cordage à quatre torons, Cordage en quatre.

    Cabo torcido menos que á tercera parte = Cordage commis au tiers mou.

    Cabo demasiado torcido = Cordage qui a trop de tors.

    Cabos calabrotados = Cordage deux fois commis ou commis à la façon des cables.

CABO CONTRAHECHO ó DE DOS COLCHOS = Cordage refait.

CABO ECHIZO = Cordage en queue de rat.

CABO FIXO QUE SIRVE DE PALO PARA IZAR UNA VERGA = Cordage placé perpendiculairement pour servir de mât à une vergue.

CABO TRAJERO, CABO EMBESTIDO = Manœuvre empêchée.

CABOS FIRMES = Manœuvres dormantes.

CABOS DE LABOR, CABOS CORRIENTES = Manœuvres courantes.

CABO MORDIDO = Cordage engagé dans une poulie.

ARRIAR UN CABO = Filer une manœuvre.

ZAFAR UN CABO = Parer *ou* Dégager une manœuvre.

CABO PARA AMARRAR = Ligne d'amarrage.

CABO PARA REMOLCAR = Cable de remorque.

CABO, CHICOTE, TROZO DE CABO = Bout d'un cordage, Bout de corde.

CABO, PUNTA = Cap, Pointe de terre.

DOBLAR ó MONTAR UN CABO = Doubler un cap, Parer un cap.

CABO = Manche d'un outil.

CABO DE CAÑON = Chef de pièce.

CABRA = Chèvre.

CABRESTANTE = Cabestan.

BARRAS DEL CABRESTANTE = Barres du cabestan.

BOCABARRAS = Trous des barres.

AVICAS DE LAS BOCABARRAS = Plattes bandes de fer qui garnissent les trous des barres.

DADO DE CABRESTANTE = Ecuelle *ou* Assiette de cabestan.

GUARDINFANTES = Flasques *ou* Taquets du cabestan.

MADRE DEL CABRESTANTE = Mèche du cabestan.

CABEZA DE LA MADRE = Tête de la mèche.

PEON DEL CABRESTANTE = Pivot du cabestan.

SOMBRERO DEL CABRESTANTE = Noix *ou* Tête du cabestan.

ARMAR EL CABRESTANTE = Mettre du monde au cabestan.

VIRAR AL CABRESTANTE = Virer au cabestan.

GUARNECER EL CABRESTANTE = Garnir le cabestan.

CABRESTANTE DOBLE *ó* CABRESTANTE MAYOR = Cabestan double *ou* Grand cabestan.

CABRESTANTE SENCILLO *ó* CABRESTANTE DEL CASTILLO = Cabestan simple *ou* Petit cabestan.

CABRESTANTE VOLANTE = Cabestan volant, Vindas.

CABRIA = Appareil fait avec deux aiguilles pour démâter *ou* pour enlever de gros fardeaux.

CABRIA *ó* MÁQUINA DE ARBORAR, ARBOLADURA = Mâture, Machine à mâter.

CABRILLEADA, MAR CABRILLEADA = Mer qui moutonne.

CABULLERIA, XARCIA, APAREJO, CORDAGE DE UN BARCO = Manœuvres, Cordages d'un bâtiment — Agrès — Greement.

CACHA-MARINA, LUGRE = Chasse-marée.

CACHOLAS DEL BAUPRÉS *ó* ALETAS DEL BAUPRÉS = Violons de beaupré.

CACHOLAS DE PALOS = Flasques de mâts *ou* Jottereaux de mâts.

CACHON, ROCIADA = Petit coup de mer.

CADENA DE HIERRO = Chaîne de fer, *en général*.

CADENAS DE OBENQUES *ó* PARA OBENQUES, CADENAS DE LAS VIGOTAS = Chaines de haubans.

CADENAS DE LOS OBENQUES MAYORES = Chaînes des grands haubans.

CADENAS DE LOS OBENQUES DE TRINQUETE = Chaînes des haubans de misaine.

CADENAS DE LOS OBENQUES DE MESANA = Chaînes des haubans d'artimon.

CADENAS DE LOS BRANDALES = Chaînes de galhaubans.

CADENAS DEL TIMON = Chaînes de gouvernail.

CADENA DE LOS VARONES DEL TIMON = Chaîne de sauve-garde du gouvernail.

CADENA PARA ARPEOS DE ABORDAR = Chaîne de grapins d'abordage.

CADENA DE BOMBA = Chaîne de pompe.

CADENA DE PUERTO = Chaîne de port—Barre d'un port.

CADENA DE UNA LANCHA = Traversin d'une chaloupe.

CAER, ABATIR = Abattre en évoluant — Laisser abattre.
DEXA CAER! = Laisse abattre!
CAE EL NÁVÍO = Le vaisseau fait son abattée.
EL NÁVÍO CAE BIEN = Le vaisseau abat du bon côté.
EL NÁVÍO CAE AL CONTRARIO ó VA AL CONTRARIO = Le vaisseau abat du mauvais côté.
CAER DE QUILLA, DAR DE QUILLA = Abattre en carène.
CAER EN EL MAR DEL Á BORDO DE UN NÁVÍO = Tomber à la mer du bord d'un vaisseau.
CAER ENCIMA DE UN BARCO = Tomber, Dériver sur un bâtiment.
CAER Á SOTAVENTO = Tomber sous le vent.

CAIDA DE UNA VELA = Chute d'une voile, Guindant d'une voile.

CAIREL ó CINTILLA = Carreau, *la préceinte la plus élevée d'un vaisseau.*

CAJETA = Tresse, *en général, faite en fil de caret.*
>CAJETA DE NUEVE FILÁSTICAS = Tresse faite de neuf fils de caret.

CALABAZO, BARCO CALABAZO = Bâtiment patache.

CALABROTE = Grelin.

CALADO DE UN NAVÍO = Calaison, Tirant d'eau d'un vaisseau.
>CALADO DE PROA = Tirant d'eau de l'avant.
>CALADO DE POPA = Tirant d'eau de l'arrière.
>DIFERENCIA DEL CALADO = Différence du tirant d'eau.
>NAVEGAR SIN DIFERENCIA DE CALADO = Naviguer sans différence de tirant d'eau.

CALAFATE = Calfat.
>MAESTRE DE CALAFATES = Maître calfat.

CALAFATEADO = Calfatage.

CALAFATEAR = Calfater.
>CALAFATEAR LAS COSTURAS = Calfater les coutures.

CALAR = Caler, s'immerger.
>CALA EL NAVÍO = Le vaisseau cale.
>CALAR N PIES DE AGUA = Caler, Tirer N pieds d'eau.
>CALAR UN MASTELERO = Caler *ou* Recaler un mât de hune.
>CALAR EL TIMON = Monter le gouvernail.

CALCES, ESPIGA = Ton, Tenon d'un mât.

CALDERO DE BOMBA = Chaudron de pompe.
>CALDERO DE BREA = Chaudière à brai.

CALETA = Calanque.

CALIBRE = Calibre.
>CALIBRE DE Á VEINTE Y QUATRO = Calibre de vingt-quatre.

CALIMA = Mirement *ou* Mirage.

CALLEJON DE COMBATE = Galerie du fond de cale, Galerie du faux-pont, Galerie de combat.

CALMA, BONANZA = Calme, Bonace.

MAR CALMA = Mer calme.

CALMA MUERTA = Calme tout plat.

EL VIENTO ESTÁ EN CALMA = Le vent a calmé, il y a un calme plat, le vent est au conseil.

VENIR EN CALMA = Être pris par le calme.

CALMAR, ABONANZAR = Calmer, Appaiser.

LA MAR SE VA CALMANDO = La mer se calme.

CALZOS = Tins *ou* Chantiers pour échouer des embarcations — Chantiers pour la chaloupe à bord d'un vaisseau.

CALZOS DE PIPAS = Taquets de futailles.

CAMA DE UN BARCO = Souille que se fait un bâtiment échoué sur la vase.

CAMARA = Chambre.

SOBRECÁMARA, CONSEJO DE CÁMARA = Chambre de conseil.

CÁMARA ALTA = Grand'chambre.

CÁMARA DE LAS VELAS = Chambre aux voiles.

CÁMARA DE ASEGURACION = Chambre d'assurance.

CÁMARA DE UN MORTERO = Chambre d'un mortier.

CÁMARA DE UN CAÑON = Chambre d'un canon.

CAMARADA = Matelot, Camarade.

MI CAMARADA = Mon matelot.

CAMAROTE = Chambre d'officier—Chambre, Cabane —Logement, Chambre à bord.

CAMAROTES DEL ALCÁZAR = Chambres de la dunette *ou* du clavecin.

CAMBIAR las velas = Changer les voiles, les orienter sur l'autre bord *ou* Décharger.

Cambia á proa! = Change *ou* Décharge devant!

Cambia á popa! = Change derrière!

Cambiar la mesana = Changer l'artimon.

Cambiar gavia *ó* cambiar en medio = Changer le grand hunier.

Cambiar el velacho = Changer le petit hunier.

Cambiar las velas latinas virando de bordo = Muder, Trélucher, Changer les voiles latines en virant de bord.

Cambiar la amura *ó* tomar la otra vuelta = Changer de bord *ou* d'amure.

Cambiar el arrumage = Changer l'arrimage.

Cambiar la caña = Changer la barre.

Cambiar ampolleta = Tourner l'horloge, Tourner le sablier.

CAMELLO = Chameau.

CAMINAR, hacer camino = Faire chemin.

CAMISA de fuego = Chemise à feu *ou* Chemise souffrée.

CAMPANA = Cloche.

Tocar, picar la campana = Sonner la cloche.

Guindaste de la campana = Potence de cloche, Montant de cloche.

Rabiza de la campana = Raban de cloche.

CAMPAÑA, viage = Campagne, Voyage, Campagne de mer.

Campaña de bahía = Campagne de rade.

Campaña de crucero = Campagne de croisière.

Campaña de evoluciones = Campagne d'évolution.

Campaña de las Indias = Campagne des Indes.

Víveres de campaña = Vivres de campagne.

CANAL, caño = Chenal.

En medio del canal = A mi-canal.

Canal de la Mancha = Canal de la Manche, Canal entre la France et l'Angleterre.

Canal de un moton = Goujure d'une poulie.

CANALES de un brulote = Trainées d'un brûlot, Dales d'un brûlot.

Canales de plomo en los embornales = Dalots à tuyaux de plomb.

CANALETE = Pagaye.

Bogar con canaletes = Pagayer.

CANASTA ó cofa, gavia = Hune.

CANCAMO = Piton.

Cáncamo con argolla = Piton à boucle, Cheville à boucle.

Cáncamo con guardacabo = Piton à boucle avec une cosse.

Cáncamo de gancho = Piton à croc.

Cáncamo de retiro = Croc *ou* Boucle de croupière sur un affût de canon.

CANDALIZA = Palan d'étai, Candelette — Bredindin.

Candalizas ó cargaderas de la mesana = Cargues d'artimon.

CANDELERO = Chandelier.

Candeleros de los pasamanos = Chandeliers de bastingage *ou* Chandeliers de lisses pour bastingage.

Candeleros del portalon = Chandeliers pour les tire-veilles de l'échelle hors le bord.

CANGREJA, mesana cangreja = Brigantine *ou* Voile de brigantine.

CANGREJO de mesana, pico = Pic *ou* Corne d'artimon, Vergue du pic.

CANOA = Esquif, Pirogue, Canot.

CANTIL *ó* beril de una peña, de un banco = Accore d'une roche, d'un banc.

CANTO de una tabla = Can, *la face la moins large d'une pièce de bois.*

> Cantos del pantoque = Fleurs du vaisseau *ou* Têtes de varangues.

CAÑA del timon = Barre du gouvernail.

> Uña de la caña del timon = Taquet de la barre du gouvernail.

> Orza! sotavento la caña! = Barre à venir au vent!

> Barlovento la caña! = Barre à arriver! Arrive!

> Babor la caña! = Bâbord la barre!

> Estribor la caña! = Tribord la barre!

> Derecho la caña! = Droit la barre!

> Un hombre á la caña! = Un homme au gouvernail!

> Caña del ancla = Verge d'ancre.

> Caña del aparejo del pescante de la amura *ó* servioleta = Pendeur du palan de davier.

CAÑAMO = Chanvre.

> Cáñamo de primera suerte = Chanvre de premier brin.

> Cáñamo de segunda suerte = Chanvre de second brin.

CAÑERIA, caños = Les orgues, *en général.*

CAÑO, canal = Canal, Chenal.

> Caño, ensenada = Crique.

> Caños, cañería = Orgues, tuyaux des dalots.

CAÑON = Canon.

> Largura del cañon = Longueur du canon.

EL ÁNIMA, ALMA ó CALIBRE = L'âme *ou* le calibre.

LA BOCA = La bouche, La tranche.

EL BROCAL, LA JOYA = Le bourrelet.

EL MAYOR REALCE ó MOLDURA DEL BROCAL = La ceinture du bourrelet, La ceinture de la bouche.

LA CAÑA = La volée.

EL ASTRAGAL DE LA CAÑA = L'astragale de la volée.

LARGURA ENTRE LA FAXA DEL SEGUNDO REFUERZO Y EL ASTRAGAL DE LA CAÑA = La ceinture de la volée.

EL CASCABEL = Le bouton.

EL CUELLO = Le collet.

LA CULATA = La culasse.

LA FAXA DE LA CULATA = La plate-bande de la culasse.

LA MOLDURA DE LA CULATA = Le cul-de-lampe.

LOS DELFINOS = Les anses.

EL FOGON = La lumière.

EL ASTRAGAL DEL FOGON = L'astragale de la lumière.

LARGURA ENTRE EL ASTRAGAL DEL FOGON Y LA FAXA DE LA CULATA — Le champ de la lumière.

LOS MUÑONES = Les tourillons.

EL PRIMER REFUERZO = Le premier renfort.

LA FAXA DEL PRIMER REFUERZO = La plate-bande du premier renfort.

EL SEGUNDO REFUERZO = Le second renfort.

LA FAXA DEL SEGUNDO REFUERZO = La plate-bande du second renfort.

CABO DEL CAÑON = Chef de pièce de canon.

CAÑON EN BATERÍA = Canon au sabord.

CAÑON BATIPORTADO = Canon à la serre.

CAÑON DE CRUXÍA = Canon de coursier, Gros canon de galère.

CAÑON DE Á OCHO = Canon de huit.

CAÑON DE Á DOCE = Canon de douze.

Cañon de á diez y ocho = Canon de dix-huit.

Cañon de á veinte y quatro = Canon de vingt-quatre.

Cañon de á treinta y seis = Canon de trente-six.

Trincar un cañon abretonado = Serrer un canon alongé contre le bord.

Trincar un cañon batiportado = Serrer un canon en travers du vaisseau.

Trincar los cañones = Serrer les canons.

Poner adentro los cañones = Haler les canons en dedans.

Cañones fingidos = Faux-canons, Fausses lances.

Cañones de hierro = Canons de fer.

Amarrar un hombre al cañon = Amarrer un homme sur un canon.

CAÑONAZO, tiro = Coup de canon.

Tirar un cañonazo = Tirer un coup de canon, Envoyer un coup de canon.

Cañonazo del alba = Coup de canon de Diane.

Cañonazo en el costado = Coup de canon en bois.

Cañonazo á la lumbre del agua = Coup de canon à fleur d'eau.

Cañonazo en la obra viva = Coup dans l'œuvre-vive.

Cañonazo de retreta = Coup de retraite.

CAÑONEAR = Canonner.

CAÑONEO = Canonnade, *un grand nombre de coups de canon*.

CAPA = Cape.

Capa bretona = Cape à sec, à mâts et à cordes.

Poner á la capa = Mettre à la cape.

Estar á la capa con el trinquete = Être à la cape, à la misaine.

Capa de un palo = Braie d'un mât.

Capa del timon = Braie du gouvernail.

CAPEAR = Capéer, être à la cape.

Capear á palo seco, estar al payro, á la bretona = Capéer à sec *ou* à mâts et à cordes.

CAPELLAN = Aumônier.

CAPEROL (*voyez* coronamiento).

CAPILLO = Capot, Capuchon d'ún escalier *ou* d'une cheminée.

CAPITAN = Capitaine.

Capitan de alto bordo = Capitaine de haut-bord.

Capitan de bandera = Capitaine de pavillon.

Capitan de brulote = Capitaine de brûlot.

Capitan del comercio = Capitaine marchand.

Capitan de fragata = Capitaine de frégate.

Capitan de navío = Capitaine de vaisseau.

Capitan de puerto = Capitaine de port.

CAPITANA = Vaisseau commandant.

CAPON del áncla = Bosse debout d'une ancre.

CAPUCHINA (*voyez* curva capuchina).

Varengas capuchinas = Couples élancés de l'arrière *ou* de l'avant.

CAPUCHINO = Toute courbe dont une des branches décrit une ligne courbe et l'autre une ligne droite.

Capuchinos, piques capuchinos = Couples qui ont beaucoup d'acculement *ou* Fourcats.

CAR = Le bout d'en bas d'une antenne.

CARENA = Caréne, Radoub.

Dar una carena = Donner une caréne, Caréner.

Dar una carena de firme = Donner une grande carêne, un grand radoub, Refondre.

Dar carena á flote = Caréner à flot.

Dar carena en el dique = Caréner dans le bassin.

CARENAR descubriendo la quilla = Virer un vaisseau en quille.

CARGA, cargazon = Cargaison.

Carga ó cargo de un barco = Charge d'un bâtiment, son chargement.

Carga de cañon = Charge de canon.

Atacar la carga = Battre la charge, Pousser la charge au fond du canon.

Carga de combate = Charge de combat.

Carga de saludo = Charge de salut.

CARGADERA = Cale-bas, Cargue-bas ou Hale-bas.

Cargaderas de las velas de estay = Cale-bas des voiles d'étai.

Cargaderas del racamento = Cargue-haut de racage.

Cargaderas de la mesana = Cargues d'artimon.

CARGADO, ir cargado de velas = Forcer de voiles, Charrier de la toile.

Navío cargado por un chubasco = Vaisseau chargé par un grain.

CARGADOR, barco cargador = Chargeur ou Bâtiment chargeur.

CARGAR, izar, halar = Haler, Peser sur une manœuvre.

Cargar una vela = Carguer une voile.

Carga la vela mayor! = Cargue la grand'voile!

Carga el trinquete! = Cargue la misaine!

Carga la mesana! = Cargue l'artimon!

Carga las gavias! = Cargue les huniers!

Carga los juanetes! = Cargue les perroquets!

Carga las velas! = Cargue les voiles!

CARGAR LAS VELAS = Charger les voiles.

CARGAR UN CAÑON = Charger un canon.

CARGAR LAS PIEZAS = Charger les pièces.

CARGAR, ESTIVAR = Lester avec des marchandises.

CARGAR UN BARCO = Charger un bâtiment.

CARGAR EN FARDERÍA = Charger en cueillette; *chargement qui consiste en tonneaux, caissons, etc.*

CARGAR EN MONTON = Charger en grenier.

CARGAZON = Cargaison.

CARGO ó CARGAMENTO = Chargement.

CARLINGA, SOBREQUILLA DE NAVÍO = Carlingue de vaisseau.

CARLINGA DEL PALO MAYOR = Carlingue du grand mât.

CARLINGA DEL PALO DE TRINQUETE = Carlingue du mât de misaine.

CARLINGA DEL PALO DE MESANA = Carlingue du mât d'artimon.

CARLINGA DEL PALO DE BAUPRÉS = Carlingue du mât de beaupré.

CARLINGA DEL CABRESTANTE = Carlingue de cabestan —Emplanture du cabestan.

CARLINGA DE LAS BITAS = Carlingue des bittes.

CARONADA, OBUCE = Caronade.

CARPINTERO DE RIBERA = Charpentier de vaisseau.

MAESTRO CARPINTERO = Maître charpentier.

AYUDANTE CARPINTERO = Aide-charpentier.

CARRETEL = Touret pour rouler le fil de caret dans une corderie.

CARRETEL PARA CORREDERA = Tour de loch.

CARRETEL PARA MEOLLAR = Tour à bitord.

CARRICOCHE = Carrosse *ou* Chariot de corderie.

CARRO = Traine, *dans une corderie.*

CARROZA = Dôme du grand escalier d'un vaisseau.

  Carroza sobre el alcázar = Tente sur le gaillard d'arrière.

  Carroza de la toldilla = Tente de la dunette.

  Carroza = Chambre sur le pont d'une semaque, derrière le grand mât.

  Carroza de un bote = Carrosse fait sur l'arrière d'un canot.

  Armazon de hierro para carroza de un bote = Ferrure nécessaire pour le carrosse d'un canot.

CARTA marina, carta de navegar = Carte marine.

  Echar el punto en la carta = Pointer la carte.

  Carta plana = Carte plane, Carte plate.

  Carta reducida, carta esférica = Carte réduite.

  Carta de marca = Lettre de marque *ou* de représailles.

  Carta de salida = Lettre de partance.

  Carta partida, contrato de fletamiento = Charte-partie.

CARTUCHO = Gargousse.

  Forma para hacer cartuchos = Forme à gargousses.

  Cartuchos para metralla = Boîtes de fer-blanc pour mitraille — Charge à mitraille.

CASA de los aseguradores = Chambre d'assurance.

CASCO de un barco ó de un navío = Coque d'un bâtiment, Corps d'un vaisseau.

  Hállase el barco sin el menor daño en su casco y arboladura = La mâture et la coque du bâtiment sont en bon état.

CASTAÑUELA de hierro = Galoche, Main de fer.

  Castañuela de palo = Galoche de bois.

  Castañuela ó pastelero de la amura = Dogue d'amure.

CASTILLO de proa = Gaillard d'avant.

Los castillos y la toldilla= Accastillage, Œuvres mortes.

Hacer y entablar los castillos = Faire l'accastillage.

CATAVIENTO, grimpolon = Girouette.

CATIMARON = Catimaron.

CATRE = Cadre, Lit.

CAVALLETE (*voyez* caballete).

CAVILLA (*voyez* cabilla).

CAVIRON = Cabrion.

CAXA de agua = Gatte.

Caxa de armas = Caisse d'armes — Coffre d'armes.

Caxa de artificio, caxa de fuego = Caisse d'artifice.

Caxa ó canal del cuerpo de la bomba, arca de bomba = Arche de pompe, Archi-pompe.

Caxa de líneas de los calafates = Caisse des calfateurs.

Cáxa de marinero = Coffre de bord.

Caxa ó canal de planchas = Trémue.

CAXERA, reclame = Clan à la tête d'un mât, Clan dans la caisse d'une poulie.

Caxera de la coz de un mastelero de gavia = Clan de la caisse d'un grand mât de hune.

Caxera de un moton = Caisse d'une poulie.

CAXON = Caisson.

Los caxones de la cámara alta = Les caissons de la grande chambre.

Caxones de cartuchos = Caissons à poudre *ou* Caissons à gargousses.

CAZA = Chasse.

Dar caza = Donner la chasse.

Dexar la caza = Lever la chasse.

CAZADO, navío cazado = Vaisseau chassé.

CAZADOR, barco cazador = Bâtiment chasseur.

CAZAR un barco = Chasser un bâtiment.

Cazar la escota = Border une voile, Haler sur l'écoute.

Cazar las escotas = Border les écoutes.

Cazar las escotas á besar = Border les écoutes tout plat.

Cazar la mesana = Border l'artimon.

Cazar el trinquete á besar = Border la misaine tout plat.

CAZONETE = Cabillot pour passer dans l'œil d'une drisse de pavillon *ou* pour écoute de perroquet.

CEBADERA = Civadière, *voile.*

Contracebadera = Contre-civadière.

Verga de cebadera = Vergue de civadière.

Arrefranca de la verga de cebadera = Suspente de la vergue de civadière.

Verga de contracebadera = Vergue de contre-civadière.

CEBADOR = Corne d'amorce.

CENEFA de cofa = Guérite de hune *ou* Latte de hune, bordage percé pour le passage des lattes de hune.

CENTINELA = Sentinelle.

Una centinela para descubrir. = Une découverte *ou* Vigie.

CEÑIDO, estar ceñido = Être au plus près.

CEÑIR el viento = Loffer, Venir au vent, Pincer le vent, Serrer le vent, Tenir le vent, Courir au plus près, Mettre au plus près, Aller au plus près, etc.

CEPO DE UN ÁNCLA = Jas d'une ancre.

EL CEPO, LOS GRILLOS = Fers *ou* Barre de prisonniers.

CERAZON = Brume.

CERRAR PORTERÍA = Fermer les sabords.

CERRAR UN PUERTO = Fermer un port, *en interdire l'entrée.*

CERRETA SOBRE EL SOLLADO = Feuille bretonne *ou* Faux-pont.

CHAFALDETES DE LA GAVIA = Cargue-points du grand hunier.

CHAFALDETES DEL VELACHO = Cargue-points du petit hunier.

CHAFALDETES DEL JUANETE MAYOR = Cargue-points du grand perroquet.

CHAFALDETES DEL JUANETE DE PROA = Cargue-points du petit perroquet.

CHAFALDETES DE LA CEBADERA = Cargue-points de la civadière.

CHAFALDETES DE LA CONTRACEBADERA = Cargue-points de la contre-civadière.

CHAPALETA *ó* CHAPETA DE BOMBA = Clapet de pompe, Sous-pape.

CHAPAS DEL PAL = Le fer des adents du virevaut.

CHAPUCES = Principales pièces d'*assemblage* pour faire des mâts.

CHAVETA = Goupille.

PERNO DE CHAVETA = Cheville à goupille.

CHAZA = Entre-deux de sabord dans l'intérieur d'un vaisséau.

CHAZA EN LA MURADA DE UN NAVÍO = Maille dans la muraille d'un vaisseau.

CHAZA DE LOS CIRUJANOS = Poste des chirurgiens.

Chaza de guardias marinas = Poste des aspirans.

CHICOTE, trozo de cabo = Bout d'un cordage, Bout de corde.

Mandar el chicote abaxo = Envoyer le bout en bas.

CHILLERA = Parc à boulet à bord d'un vaisseau.

CHINCHORRO ó canoa, piroga = Yole, petit canot — Pirogue.

Chinchorro del bauprés = Filet de beaupré.

CHIURMA = Chiourme.

CHOPETA = Carrosse sur une dunette *ou* sur le pont.

CHORRO = Livarde.

CHUBASCO ó ráfaga = Grain de vent *ou* de pluie — Rafale *ou* Bourasque.

Arriar por el chubasco = Amener pour le grain.

CHUMACERA = Porte-tolet, Toletière.

CHUPADO de proa = Avant maigre.

CHUZO, pica = Pique, *arme pour l'abordage.*

CIAR con los remos = Scier avec les avirons.

Cia babor! = Scie bâbord!

Cia estribor! = Scie tribord!

Cia para recular! = Scie à culer!

CIGALO, forro del arganeo, anetadura del án- cla = Emboudinure de l'ancre.

CIGÜEÑA de la campana = Crochet de fer qui sert de levier pour faire aller une cloche de vaisseau.

CIGÜEÑAL = Manivelle.

Cigüeñal de una piedra de amolar = Manivelle de pierre à meule.

CILINDRIO de la rueda del timon ó maza de la rueda = Marbre du gouvernail.

CINGAR = Gabarer, Goudiller.

CINGLADURA = Chemin, *espace parcouru par un bâti-ment.*

CINGLAR, NAVEGAR, SURCAR, VELEJAR = Cingler, Faire route.

   CINGLAR LA ESPADILLA = Coqueter.

CINTA = Préceinte.

   CINTA MAYOR *ó* CINTA DE MANGA = Première pré-ceinte.

   SEGUNDA Y TERCERA CINTA = Seconde et troisième préceinte.

   CINTAS DE UN BARCO = Ceinture d'un bâtiment, les préceintes.

CINTURA *ó* VUELTA PORTUGUESA = Portugaise, *sorte d'amarrage.*

CIRCULO DE REFLEXÍON = Cercle de réflexion, *instru-ment nautique.*

CIRUJANO = Chirurgien.

   PRIMER CIRUJANO DE UN NAVÍO = Chirurgien major d'un vaisseau.

   SEGUNDO CIRUJANO = Second chirurgien.

   AYUDANTES CIRUJANOS = Aides-chirurgiens.

CISTERNA = Citerne.

CLARAR UN NAVÍO = Acquitter les droits d'un navire à la douane.

CLAVELLINA = Étoupillon pour boucher la lumière d'un canon.

CLAVO = Clou.

   CLAVOS DE ALA DE MOSCA = Clous à tête piquée.

   CLAVOS ARPONADOS = Clous à fiches *ou* barbés.

   CLAVOS DE BOMBA = Clous à pompe.

Clavos sin cabeza = Clous à plomb, Clous à tête plate.

Clavos de tinglar = Clous à vis.

Clavos al peso = Clous au poids.

Clavos de á ocho, á doce, á veinte pulgadas de largura = Clous de huit, douze, vingt pouces de longueur.

COBERTOR del fanal = Couverture de fanal.

COBRAR el seno del cable, de una xarcia = Abraquer le mou du cable, d'un cordage.

COCA = Coque, pli que fait un cordage.

Tomar coca = Faire une coque.

COCHINATA = Fourcat d'ouverture, la plus basse des barres d'arcasse.

Cochinatas = Les barres d'arcasse, *en général*.

COCINA de brea = Pigoulière.

COCINERO de la tripulacion = Coq de l'équipage d'un vaisseau.

CODALES = Les bras d'une scie.

CODASTE = Étambot.

Contracodaste interior ó albitana del codaste = Contre-étambot intérieur.

Contracodaste exterior = Contre-étambot extérieur.

Alefrís del codaste = Rablure de l'étambot.

CODERA, rejera = Amarre de derrière d'une chaloupe *ou* d'un bâtiment — Croupière *ou* Croupiat — Embossure.

COFA, canasta, gavia = Hune.

Cofa mayor = La grande hune.

Cofa de trinquete = La hune de misaine.

Còfa de mesana = La hune d'artimon.

COGENADAS = Fesses d'un bâtiment.

COGER cabo = Rabraquer, Plier une pièce de cordage — Glener.

   Coger cabo á la holandesa = Glener à la hollandaise.

   Coger el seno de una amarra = Rabraquer le mou d'une amarre.

   Coger el seno de un cabo = Rabraquer le mou d'un cordage.

   Coger en facha, tomar por delante, tomar por la lua = Faire chapelle *ou* Masquer.

COHETE = Fusée d'artifice.

   Cohete de lágrimas = Fusée à étoiles.

COI (*voyez* coy).

COLA = Serre-file.

   El navío cola = Le vaisseau serre-file.

   Cola de milano, cola de pato = Queue d'hironde.

COLCHADO = Tors, Commis.

   Xarcia demasiado colchada = Cordage trop tors.

COLCHAR un cable, una xarcia = Commettre un cable, un cordage.

COLGADA, tener el áncla colgada = Avoir l'ancre en créance.

COLUMNA = Colonne, ordre de guerre.

   Columnas de los bazos = Colombiers d'un ber.

   Columnas de las bitas = Montans des bittes, Piliers des bittes.

   Columnas ó guias del bauprés = Les deux apôtres.

COMANDANTE de marina = Commandant de la marine.

Navío comandante = Vaisseau commandant.

COMBATE = Combat, Engagement.
Combate naval = Combat naval.

COMBATIR un navío = Combattre un vaisseau.

COMBES = Embelle, *la partie d'un vaisseau comprise entre les gaillards.*

COMBOY (*voyez* convoy).

COMERCIO costeño ó costanero = Cabotage.

COMISARIO de marina = Commissaire de marine, Officier d'administration.

COMITRE de galera = Côme de galère.

COMPAÑIA de aseguradores = Compagnie d'assurance.
Navío de compañia = Vaisseau de compagnie.
Ir de compañia, ir de conserva = Aller de compagnie.

COMPAS = Compas à pointer la carte.
Compas curvo = Compas courbe, Compas de mâture.
Compas de variacion = Compas de variation.

COMPASO con ganchos = Rouane.

COMPONER velas = Radouber des voiles.

COMUNICAR = Communiquer.
Comunicar con la tierra = Communiquer avec la terre.

CONCHA de un áncla = Coussin d'ancre, un renfort.
Concha ó carlinga del cabrestante = Emplanture du cabestan.
Concha de una cornamusa = Sole d'un taquet à oreilles.

Concha ó curva por el pie de la ásta de bandera = Courbe pour le pied du bâton de pavillon.

CONDESTABLE = Maitre-canonnier.

CONDUCIR una presa en un puerto = Conduire une prise dans un port.

CONOCIMIENTO = Connoissement, Police de chargement.

Conocimiento de la mar ó del fondo = Connoissance du fond de la mer.

Tener conocimiento de la tierra = Avoir connoissance d'une terre.

CONSEJO = Conseil.

Consejo del almirantazgo = Conseil de l'amirauté.

Consejo de guerra = Conseil de guerre.

Consejo de marina, junta de marina = Conseil de marine.

CONSENTIR un palo = Craquer un mât, le faire consentir.

Palo consentido = Mât craqué, Mât qui a consenti.

CONSERVA, ir de conserva = Naviguer de conserve.

CONSTRUCCION, navío de construccion extrangera = Vaisseau de construction étrangère.

Navío de construccion francesa = Vaisseau de construction française.

CONSTRUCTOR, carpintero de navío = Ingénieur-constructeur.

CONSTRUIR un barco = Construire un bâtiment — Bâtir un bâtiment.

CONSUL = Consul.

CONSULADO = Consulat.

CONSUMADO, usado = Consumé, Usé.

CONSUMO (EL) = Consommation de vivres *ou* d'autres objets.

CONSUMIDO (ÉL) = Objets consommés, mis hors d'état de servir.

CONTADOR DE MARINA = Écrivain de la marine — Commis, Agent comptable.

CONTADURIA DE MARINA = Administration de la marine.

CONTRA-AMANTILLOS = Fausses-balancines.

CONTRABANDISTA = Contrebandier.

CONTRABANDO, HACER CONTRABANDO = Faire la contrebande.

CONTRABOZA, AMARRA CORTA DE LA LANCHA = Cableau à amarrer la chaloupe *ou* à l'aider traîner.

CONTRABRANQUE = Contre-étrave.

CONTRABRAZOS = Faux-bras.

CONTRACEBADERA, SOBRECEBADERA Ó CONTRACEBO = Contre-civadière, Perroquet de beaupré.

CONTRACODASTE = Contre-étambot.

    CONTRACODASTE INTERIOR Ó ALBITANA DEL CODASTE = Contre-étambot intérieur, Marsoin de l'arrière.

    CONTRACODASTE EXTERIOR = Contre-étambot extérieur.

CONTRACORRIENTE = Contre-courant.

CONTRADURMIENTE = Serre-bauquière.

CONTRAESCOTAS = Fausses-écoutes.

CONTRAESTAY = Faux-étai.

    CONTRAESTAY DEL PALO MAYOR = Grand faux-étai *ou* Faux-étai du grand mât.

    CONTRAESTAY DE TRINQUETE = Faux-étai de misaine.

    CONTRAESTAY DE MESANA = Faux-étai d'artimon.

CONTRAFOQUE = Faux-foc.

CONTRAMAESTRO = Maître d'équipage.

CONTRAMARCHA = Contre-marche.

    VIRAR POR LA CONTRAMARCHA = Virer par la contre-marche.

CONTRAMAREA = Contre-marée.

CONTRAPALMEJARES = Vaigres dessus et dessous, les vaigres d'empâtures.

CONTRAQUILLA, SOBREQUILLA = Contre-quille.

CONTRARIA, MAREA CONTRARIA = Marée contraire.

CONTRARIADO, ESTAR CONTRARIADO POR EL VIENTO = Être contrarié par le vent.

    ESTAR CONTRARIADO POR LA CORRIENTE = Être contrarié par les courans.

CONTRARIO, VIENTO CONTRARIO — Vent contraire.

CONTRARODA ó ALBITANA DE LA RODA = Marsoin de l'avant.

CONTRASTE DE VIENTO, TRAVESÍA DE VIENTO = Saute de vent — Changement de vent, cap pour cap.

CONTRATO DE FLETAMIENTO = Contrat d'affrétement.

CONTRATRINCANIL = Serre-goutière.

CONTRAYUGO = Barre d'écusson *ou* d'arcasse.

CONTRETE = Poulain, *arc-boutant qui empéche un bâtiment de courir sur ses chantiers.*

    CONTRETES DE LAS COLUMNAS DE LOS BAZOS = Les arc-boutans des colombiers du ber.

CONVOY = Convoi.

CONVOYAR = Convoyer.

CORAL DEL GANADO = Parc pour les bestiaux.

CORAZON DE UNA XARCIA = Mèche d'un cordage.

CORCHAS DE CAÑONES = Tapes de canons.

CORDON = Toron d'un cordage.

Xarcia de *N* cordones = Cordage à *N* de torons.

Cordones de dos filásticas = Cordons de deux fils de caret.

Pieza de guindaleza de á quatro cordones = Pièce de cordage en haussière à quatre torons.

CORDONERO = Cordier.

CORNAMUSA = Taquet à oreilles, Taquet de tournage.

CORNETA = Guidon.

CORONA, estrobo ó caña = Pendeur *ou* Pantoire.
Corona del aparejo real = Pendeur de caliorne.
Corona de estrellera = Pendeur de candelette.

CORONAMIENTO de popa ó caperol = Couronnement de poupe, Tableau de poupe.

CORRAL = Bordigue.

CORRECCION de la derrota = Correction de la route, *opération par laquelle on rectifie les erreurs faites sur l'estime de la route.*

CORREDERA = Ligne de loch.
Echar la corredera = Jeter le loch.
Carretel de la corredera = Tour pour loch.
Corredera acalabrotada = Ligne pour le loch, *faite en grelin.*

CORREDOR = Courtier de navire.

CORREGIDA, derrota corregida = Route corrigée.

CORREGIR la derrota = Corriger la route, *rectifier les erreurs de l'estime.*

CORREO, paquebot, barco de correo = Paquebot, Courrier.

CORRER, navegar = Courir, Naviguer.

El navío corre doce señales = Nous filons douze nœuds.

Correr fuera, á lo largo = Porter le cap à la mer, Avoir le cap au large — Courir au large.

Correr á tierra = Porter sur la terre.

Correr encima un baxío = Courir sur un danger.

Correr con viento en popa = Faire vent arrière.

Correr ó hacer arribada = Faire courir, Être forcé d'arriver.

Correr ó huir de las mares = Courir devant le temps, Fuir pour le mauvais temps.

Correr ó ir á palo seco, correr á arbol seco = Courir à mâts et à cordes ou Courir à sec.

Correr al enemigo = Porter sur l'ennemi.

Correr la línea enemiga = Prolonger la ligne ennemie.

Correr por la baqueta = Courir la bouline.

CORRIENTE = Courant.

Contracorriente = Contre-courant.

Estar arrastrado por la corriente = Être drossé par les courans.

La corriente abate encima... = Le courant porte sur.....

CORSARIO = Corsaire.

Corsarios ó piratas en los mares de América = Flibustiers ou Aventuriers des îles de l'Amérique.

CORSO = Course.

Armar en corso = Armer en course.

Ir en corso = Aller en course.

CORTA hierro = Ciseau à froid.

CORTAR velas = Tailler des voiles.

Cortar la línea = Couper la ligne.

Cortar

CORTAR UNA VERGA AL ENEMIGO = Désemparer l'ennemi d'une vergue.

CORTE DE VELAS = Coupe des voiles, *la manière dont elles sont coupées.*

CORVETA = Corvette.

COSEDEROS = Bordages de la flottaison.

COSAS FLUCTUANTES DE LA MAR = Epaves de la mer, choses de la mer *ou* du flot.

COSER = Aiguilleter, Fouetter.

COSER UN APAREJO = Aiguilleter un palan.

COSER UN GANCHO DE APAREJO = Aiguilleter un croc de palan.

COSER UN APAREJO *ó* UN MOTON DE RABIZA = Fouetter un palan.

COSER UN MOTON = Aiguilleter, Frapper une poulie.

COSER UNA VELA CON OTRA = Lacer une voile.

COSIDURA *ó* COSTURA = Aiguilletage.

COSIDURA *ó* ACOLLADOR = Aiguillette pour amarrage.

COSTA = Côte de la mer, Rivage de la mer.

CORRE LA COSTA = La côte se prolonge.

LA COSTA CORRE Á TAL RUMBO = La côte gît à tel aire de vent.

COSTA ACANTILADA, COSTA BRAVA = Côte accore, Côte de fer.

COSTA BRAVA = Côte dangereuse, Côte mauvaise.

COSTA LIMPIA = Côte saine.

COSTA Á PIQUE = Côte à pic.

COSTA DE BARLOVENTO = Côte *ou* Terre qui est au vent.

COSTA DE SOTAVENTO = Côte sous le vent.

BARRAR, DAR Á LA COSTA = Faire côte *ou* se jeter à la côte.

Barrado á la costa = Echoué sur la côte.

Estar aconchado ó empeñado sobre la costa = Être affalé *ou* engagé sur la côte.

COSTADO de barlovento = Côté du vent.

Costado de sotavento = Côté sous le vent.

El costado, la banda de un navío = Côté d'un vaisseau (*voyez* banda).

Costado por fuera = Muraille d'un bâtiment, en dehors.

Dar el costado = Prêter le côté.

COSTEAR la costa = Prolonger la côte, Filer le long de la côte.

COSTERA, tabla costera = Croute, *la première planche d'un arbre que l'on scie en planches.*

COSTONES = Dragues, *bordages épais et qui font saillie cloués sous la caréne d'un bâtiment destiné à échouer souvent.*

COSTURA = Epissure — Couture.

Costura abierta = Couture ouverte.

Costura doble = Épissure en portière de vache — Couture plate piquée dans le milieu.

Costura larga, costura llana ó flamenca = Épissure longue — Couture plate.

Costura de ojo = Épissure d'estrope *ou* à œillet.

Costura redonda, costura corta = Couture ronde — Épissure courte.

Costura ó cosidura del virador de la cubierta = Mariage de la tournevire.

Costuras de las velas = Coutures des voiles

Costuras al traves = Coutures en travers.

Calafatear las costuras = Calfater les coutures *ou* intervalles entre les bordages.

COTE, MEDIO COTE = Demi-clef.

HACER DOS COTES = Faire deux demi-clefs.

COY = Hamac du matelot, Branle.

BOLINAS DEL COY = Rabans du hamac.

LEVANTAR LOS COYES = Relever les hamacs.

ECHAR LOS COYES EN LAS REDES DE LOS PASAMANOS = Mettre les hamacs dans les filets de bastingage des passe-avants.

COZ DE UN MASTELERO = Caisse d'un mât de hune *ou* de perroquet, Talon d'un mât de hune.

COZ DE UN MOTON = Talon d'une poulie.

CRACAS = Herbes marines.

CRAIER, CIERTO BARCO DEL MAR BÁLTICO = Craïer, *sorte de bâtiment de la mer Baltique.*

CRONOMETRO *ó* RELOX DE LONGITUD = Garde-tems *ou* Montre marine.

CRUCERO = Lieu de croisière.

NAVÍO CRUCERO = Vaisseau croiseur, Vaisseau en croisière.

ESTAR DE CRUCERO = Croiser, Être en croisière.

CRUCES (*voyez* BRIOLES).

CRUCETAS DE LAS BITAS = Coussins des bittes — Traversins des bittes.

CRUCETAS DE COFA = Traversins de hune.

CRUCETAS DE JUANETE = Barres de perroquet — Croisettes.

CRUXIA = Le milieu de la batterie *ou* du pont.

CRUXIDA POSTIZA = Faux-pont fait des vergues et des mâts de rechange.

CRUZ DE UNA VERGA = Milieu d'une vergue.

VERGAS EN CRUZ = Vergues en croix.

CRUZ EN LOS CABLES = Croix dans les cables.

La cruz del áncla, el cuello del áncla = Le collet de l'ancre, la croisée, la crosse, le diamant, le fort de l'ancre.

Vela de cruz = Voile quarrée.

Hacer cruz y boton = Faire un amarrage en étrive.

CRUZAMEN de las vergas = Croisure, Longueur des vergues — Envergure.

Navío que tiene mucho cruzámen = Vaisseau qui a beaucoup d'envergure.

CRUZAR las juntas = Doubler les écarts *ou* Écarver.

CUBICHETE = Bardis.

CUBIERTA de un barco = Pont d'un bâtiment — Tillac.

Primera cubierta, cubierta principal, cubierta de la bodega = Premier pont.

Segunda cubierta = Second pont.

Tercera cubierta = Troisième pont.

Cubierta abierta en el medio = Pont coupé.

Cubierta de punta al orejo = Pont entier.

Cubierta quebrada = Pont arqué.

CUBIERTO, barco cubierto = Bâtiment ponté.

Barco que no está cubierto = Bâtiment non ponté.

CUBO = Seau de bois.

CUCHARA de alquitran = Cuiller à goudron.

Cuchara de cañon = Cuiller à canon.

CUCHARROS = Pièces de tour de l'arrière.

Los cucharros *ó* delgados de popa = Les façons de l'arrière.

CUCHILLO = Coûteau.

Cuchillos de una vela = Toiles de pointe d'une voile.

CUELLO del áncla = Le collet de l'ancre.

Cuello del cañon = Le collet du canon.

Cuello de un mastelero = Noix d'un mât de hune.

CUERDA = Corde.

Cuerda en banda = Cordage largue.

Cuerdas ó esloras de la cubierta = Hiloires du pont, Hiloires renversées.

Cuerda mecha = Mèche de guerre.

CUEROS frescos = Cuirs verds.

CUERPO del centro = Corps de bataille.

Cuerpo muerto = Corps mort, ancre qui n'a qu'une patte.

El cuerpo ó la caxa del moton = Le corps ou la caisse de la poulie.

CUIDADO! atencion! = Attention!

Cuidado con las escotas! listo á las escotas! = Veille aux écoutes!

CUIDAR, tener cuidado = Veiller.

CULADA = Coup de talon.

Dar culadas = Talonner.

CULATA de un cañon = Culasse d'un canon.

La faxa de la culata = La plate-bande de la culasse.

CULEBRA = Serpenteau.

CUMPLE ó largo de un cable, largura de un cable = Encablure.

CUÑA = Coin — Grain d'orge.

Cuña de mastelero = Clef de mât de hune ou de perroquet.

Cuña de puntería = Coin de mire.

Cuñas de estiva = Coins d'arrimage.

Cuñas de palos = Coins de mâts.

CUÑAR (voyez acuñar).

CUREÑA = Affût de canon.

Partes de una cureña = Parties d'un affût.

LA BÉTICA = La cheville à mantonière.

EL EXE = L'essieu.

EL PEZON DEL EXE = La fusée de l'essieu.

LAS GUALDERAS = Les flasques.

LAS ESCALERETAS = Les adents des flasques.

EL PERNO DE ATRAVESÍA = La cheville traversière.

EL PERNO CAPUCHINO = La cheville à clavette.

EL SOTROZO = L'esse de roue.

EL TELERON = L'entre-toise.

EL PERNO DEL TELERON = La cheville d'entre-toise.

CUREÑA DE MORTERO = Affût de mortier.

CURSIVA = Coursive.

CURVA = Courbe, *en général.*

CURVA CAPUCHINA = Courbe de capucine — Capucine, courbe qui lie le taille-mer à l'étrave — Toute courbe dont une des branches décrit une ligne courbe, et l'autre une ligne droite.

CURVA CORAL = Courbe de l'étambot — Courbe d'arcasse, *celle qui est chevillée sur le milieu du pont de la Sainte-Barbe et sur la barre d'arcasse.*

CURVA DEL PESCANTE DE LA SERVIOLA = Courbe de bossoir *ou* Porte-bossoir.

CURVAS DE LAS CUBIERTAS = Courbes de ponts.

CURVAS DE LA PRIMERA CUBIERTA = Courbes du premier pont.

CURVAS DE LA SEGUNDA CUBIERTA = Courbes du second pont.

CURVAS BANDAS = Dauphins *ou* Jottereaux de beaupré, Courbes de jottereaux.

CURVAS DE LAS BITAS = Courbes de bittes.

CURVAS DE ENTREMICHE, ENTREMICHES = Courbes horizontales.

CURVAS LLAVES *ó* CURVAS DE PERALTO, CURVAS DE ALTO Á BAXO = Courbes verticales — Courbes perpendiculaires qui sont chevillées sur la tête des barrots et sur la muraille.

CURVAS Á LA VALONA = Courbes obliques sur la tête des barrots.

CURVAS *ó* VARENGAS DE LAS PERCHAS = Courbatons de l'éperon, Courbes de herpes.

CURVAS POSTELERAS = Courbatons des porte-haubans — Courbes, Rances *ou* Membrures *que l'on applique sur le côté extérieur d'un vieux vaisseau pour le consolider.* — Rances, *planches de bois de sap que l'on met pour garantir les bordages de déchirures causées par l'embarquement des futailles et de l'artillerie.*

CURVATON = Courbaton.

CURVATONES = Toutes les petites courbes qui servent à assujettir des montans de bittes *ou* de fronteaux.

·CURVATURA HORIZONTAL CON EL DORSO ABAXO = Bouge horizontal dont le dos est en bas.

CURVATURA HORIZONTAL CON EL DORSO ADENTRO = Bouge horizontal dont le dos est en dedans.

CURVATURA HORIZONTAL CON EL DORSO POR FUERA Bouge horizontal dont le dos est en dehors.

CURVATURA VERTICAL CON EL DORSO EN ALTO = Bouge vertical dont le dos est en haut.

Dado de bronce = Dé en cuivre pour les poulies.

Dado de una roldana = Dé d'un rouet de poulie.

Dado ó rempujo para un velero = Paumelle pour un voilier.

Dados de las velas = Pattes des voiles; *morceaux carrés de grosse toile dont on renforce certaines parties des voiles.*

Dala ó adala = Dale pour embarquer de l'eau *ou* des boulets.

Dala ó adala de bomba = Dale de pompe.

Dala en la borda del castillo = Pissotière sur l'avant.

Dar andar = Laisser porter.

Dar arrufo = Tonturer, Donner de la tonture.

Dar á la banda, tumbar = Plier *ou* Donner à la bande, *en parlant d'un vaisseau.*

Dar betun á un barco = Courayer — Donner un courai — Donner un suif *ou* un courai à un bâtiment.

Dar la boga = Donner la nage.

Dar á la bomba = Pomper.

Dar cabezadas, cabecear = Tanguer.

Dar carena = Caréner.

Dar una carena, recorrer un navío = Radouber un vaisseau.

Dar una carena de firme = Refondre un vaisseau, Donner un grand radoub.

Dar carena en el dique = Caréner dans le bassin.

Dar carena á flote = Caréner à flot.

Dar caza = Appuyer la chasse.

Dar á la costa = Aller au plein, Aller à la côte — Faire côte.

Dar el costado, presentar el costado = Prêter le côté.

Dar ó hacer cruz y boton = Faire un amarrage en étrive.

Dar culadas = Donner un coup de talon, Talonner.

Dar por delante = Donner vent devant — Envoyer vent devant.

Dar una descarga entera de cañones = Donner la bordée.

Dar dinero á la gruesa = Donner à la grosse *ou* Prêter de l'argent à la grosse aventure.

Dar una entrañadura al cable = Peigner *ou* Congréer un cable.

Dar fondo = Laisser tomber l'ancre, Mouiller.

Dar fondo por *N* brazas = Mouiller par *N* brasses.

Dar fondo con dos ó tres adujas = Mouiller deux *ou* trois plis du cable.

Dar fondo á la vela = Mouiller sous voiles.

Dar fondo á la vela á todas las ánclas = Mouiller en pagale.

Dar fondo al escandallo = Jeter la sonde.

Dar fuego = Faire feu.

Dar fuego, dar brusca á un barco = Chauffer un bâtiment pour le caréner — Donner le feu à la carène.

Dar fuego á los tablones = Chauffer les bordages.

Dar gallardetazo = Flamber, Signaler son mécontentement.

Dar guardapasos = Fouetter le mât; *en parlant des voiles qui, dans un calme n'étant pas soutenues par le vent, fouettent le mât.*

Dar un guardian doble á la caña del timon = Donner une fausse drosse au gouvernail.

Dar juego á un cabo = Mollir un cordage, Donner du mou.

Dar lascones = Riper.

DAR PÉNDOLES = Abattre sur le côté, Donner une demi-bande, demi-carène.

DAR EN EL PUERTO, HACER ESCALA = Donner dans le port, Relâcher.

DAR DE QUILLA = Abattre en carène, Éventer la quille.

DAR EL REMOLQUE = Donner la remorque.

DAR EL RUMBO = Commander la route, Donner la route.

DAR UN SALTO, ARRIAR UN POCO = Filer un peu de cable.

DAR SALTO Á LAS BOLINAS = Choquer les boulines.

DAR SEBO = Donner un suif.

DAR SOCOLLADAS (*voyez* ZAPATEAR).

DAR Á LA VELA = Mettre à la voile, Appareiller.

DAR UNA VELA Á UN BARCO = Donner une voile à un bâtiment, aller aussi bien que lui avec une voile de moins.

DAR VUELTA DE BOZA = Frapper un bout de corde sur un autre.

DAR VUELTA CON UNA RABIZA *ó* MOGEL = Eguilleter, Saisir avec une garcette.

DAR ZAMBULLIDAS = Donner la cale.

DAR LA ZAPATA Á LA UÑA DEL ÁNCLA , ENGALGAR EL ÁNCLA = Empenneler l'ancre, Brider l'ancre.

DARSENA = Darse.

DECLARACION HECHA POR EL CAPITAN Y LA TRIPULACION DE UN NAVÍO = Procès - verbal fait par le capitaine et l'équipage d'un vaisseau.

DECLARACION DE VISITA = Procès-verbal de visite.

DECLINACION *ó* VARIACION DE LA AGUJA = Déclinaison *ou* Variation de l'aiguille, du compas.

DECLINACION DEL SOL, DE LAS ESTRELLAS = Déclinaison du soleil, des étoiles.

DEFENSAS, VARADEROS = Défenses d'une embarcation.

DEFENSAS REDONDAS DE CABO = Cordes de défense, Colliers de défense.

DEGRADADO, MARINERO DEGRADADO = Matelot dégradé.

DELASTRAR = Délester.

DELGADOS, RACELES, CUCHARROS = Façons d'un bâtiment.

ALTURA DE LOS DELGADOS DE POPA = Hauteur des façons de l'arrière.

ALTURA DE LOS DELGADOS DE PROA = Hauteur des façons de l'avant.

DEMANDA, VENIR EN DEMANDA, *hablando de una xarcia* = Venir à la demande, Venir à l'appel, *en parlant d'un cordage.*

ESTE CABO VIENE EN DEMANDA DEL OTRO ó ESTÁ EN DEMANDA SUYA = Cette manœuvre vient à l'appel de l'autre.

DEMOLER UN NAVÍO = Démolir un vaisseau.

DEPARTAMENTO DE MARINA = Département de marine.

DEPLAZAMIENTO DE AGUA = Déplacement d'eau.

DEPRESION DEL HORIZONTE = Abaissement *ou* Dépression de l'horizon.

DERECHA, BARCA DERECHA = Barque droite.

DERECHO LA CAÑA! = Droit la barre!

DERECHO DE PILOTAGE = Droit des pilotes, *taxe ou tarif pour le pilotage.*

Derechos de balizas = Droits de tonnage, Droits de balise.

Derechos de muelle = Droits de quai *ou* de quayage.

Derechos de puerto = Droits d'ancrage, Droits de port.

Derechos de sirga = Droits de halage.

DERIVA, abatimiento = Dérive.

DERIVAR, abatir, irse á la ronza = Dériver.

DERRALINGAR una vela = Déralinguer une voile.

DERRAMARSE = Couler.

La pipa se derrama = Le baril coule.

DERRAME = Coulage de futaille.

DERROTA ó rumbo de un barco = Route d'un bâtiment.

Derrota compuesta = Route compliquée.

Derrota corregida = Route corrigée.

Derrota obliqua = Route oblique (*voyez* rumbo).

DERROTERO = Routier, Livre routier, Recueil de cartes marines.

DESABRIGADA, bahía desabrigada = Rade foraine.

DESAGUADERO de un bote = Nable d'un canot.

DESAGUADEROS ó grueras de las varengas = Lumières *ou* Anguillers.

Los desaguaderos = Les trous *ou* les yeux de la civadière.

DESAMARRAR = Démarrer.

Desamarrar un navío = Démarrer un vaisseau.

Desamarrarse = Se démarrer, Aller en dérive.

DESAMPARAR ó abandonar = Abandonner.

Desamparar un barco = Abandonner un bâtiment, *lorsqu'il n'y a plus d'espérance de le sauver.*

Desamparar la caza = Abandonner la chasse.

Desamparar el combate = Abandonner le combat.

Desamparar un convoy = Abandonner un convoi, *ne plus le protéger.*

Desamparar su puesto = Abandonner son poste.

DESAPAREJAR un navío = Dégréer *ou* Dégarnir un vaisseau.

Navío desaparejado = Vaisseau dégréé, dégarni.

Desaparejar un palo, una verga = Dégréer un mât, une vergue.

DESAPAREJO = Dégréément.

DESARBOLADO, navío desarbolado = Vaisseau démâté.

Desarbolado de un palo, de una verga, etc. = Désemparé d'un mât, d'une vergue, etc.

DESARBOLAR = Démâter, Perdre ses mâts *ou l'un d'eux.*

DESARBOLO = Démâtage.

DESARMADO, navío desarmado = Vaisseau désarmé.

DESARMAMENTO = Désarmement.

DESARMAR = Désarmer.

Desarma los remos! = Désarme les avirons!

Desarmar un navío = Désarmer un vaisseau, *lui ôter ses agrès et son artillerie.*

DESARUMAR = Prendre un tour avec le cable à la patte de l'ancre.

DESATRACAR, empujar = Déborder d'un bâtiment, Pousser au large étant à terre.

Desatraca! = Déborde!

Desatracar el áncla del costado = Défier l'ancre du bord.

DESBATAR = Dégauchir une pièce de bois.

DESBITAR el cable = Débiter le cable.

DESCABEZAR un palo = Étêter un mât.

DESCANSO ó tragante del bauprés = Coussin de beaupré.

Descanso de la caña del timon ó medio punto de la santa bárbara = Tamisaille.

DESCARGA de cañonazos = Volée de coups de canon.

Tirar por descargas de cañonazos = Tirer par volées.

DESCARGAMENTO = Décharge *ou* Déchargement.

DESCARGANDO, estar descargando = Être en décharge.

DESCARGAR = Laisser tomber une basse voile quand on est grand largue.

Descargar la mayor ó el trinquete = Laisser tomber la grande voile *ou* la misaine.

Descargar las mayores = Laisser tomber les basses voiles.

Descargar un barco = Décharger un bâtiment.

Descargar un cañon = Décharger un canon.

Descargar mercancías = Décharger des marchandises.

DESCOLCHAR un cable = Décommettre, Détordre un cable.

DESCUBIERTA = Découverte.

Ir á la descubierta = Aller à la découverte.

DESCUBIERTO, el barco ha descubierto N piés = Le bâtiment a déjaugé de N pieds.

DESCUBRIR = Découvrir — Déjauger.

Descubrir al enemigo = Découvrir l'ennemi.

Descubrir la tierra = Découvrir la terre.

Descubrir una marcacion con otra = Ouvrir deux objets qui étoient l'un par l'autre.

DESEMBARCADERO = Débarcadère.

DESEMBARCAR = Débarquer.

Desembarcar mercancías = Débarquer des marchandises.

Desembarcar tropa = Débarquer de la troupe.

Desembarcarse = Se debarquer.

DESEMBARCO = Débarquement.

Lugar de desembarco = Lieu de débarquement.

Hacer un desembarco = Faire une descente, un débarquement.

DESEMBOCADURA, desembocadero = Embouchure d'une rivière — Débouquement.

DESEMBOCAR = Débouquer.

DESENCAPILLAR obenques, una cofa = Décapeler des haubans, une hune.

DESENVERGAR las velas = Désenverguer *ou* Détacher les voiles.

DESERTOR = Déserteur.

DESESTIVAR = Désarrimer des plans de barriques *ou* de marchandises.

DESFUNDAR ó rifar una vela = Défoncer une voile.

Desfundar una pipa = Défoncer une barrique.

DESGUARNECER un aparejo = Dépasser une manœuvre.

Desguarnecerse = Larguer, *en parlant d'un bâtiment dont la membrure ou les bordages larguent.*

DESLIGARSE = Se délier.

DESLIGAZON — Déliaison.

DESMANTELADAS, velas desmanteladas = Voiles en pantenne *ou* déchirées.

DESMANTELADO, NAVÍO DESMANTELADO = Vaisseau désemparé, qui a tout en pantenne.

ESTAR DESMANTELADO = Être désemparé, avoir beaucoup d'avarie.

DESMONTAR = Démonter.

DESMONTAR UN CAÑON = Démonter un canon.

DESMONTAR ó QUITAR EL TIMON = Démonter le gouvernail.

DESMONTAR ó QUITAR LA CAÑA DEL TIMON = Démonter la barre du gouvernail.

DESPACHO DEL DIRECTOR ó DEL INSPECTOR DEL ARSENAL = Direction du port.

DESPACHO DEL SUB-INSPECTOR = Bureau des mouvemens du port.

DESPACIO, POCO-Á-POCO = En douceur.

DESPEDIR UN MARINERO, LA TRIPULACION = Congédier un marin, un équipage.

DESPENSA = Cambuse.

DESPENSA DEL COMANDANTE = Caveau, séparation dans la cale pour mettre les provisions du Capitaine.

DESPENSERO = Distributeur, Commis de la cambuse, Maître-valet.

DESQUARTELAR, NAVEGAR Á UN DESQUARTELAR = Courir grand largue.

DESTACAMENTO DE MARINEROS, DE TROPAS = Détachement de matelots, de troupes.

DESTACAR UN NAVÍO DE UNA ARMADA = Détacher un vaisseau d'une armée.

DESTINO = Destination, *lieu où doit aller un bâtiment.*

IR CON DESTINO Á TAL PARTE, LLEVAR DESTINO PARA TAL PARTE = Être destiné pour tel endroit.

DESVARARSE

DESVARARSE = Se déchouer.

DETALINGAR el cable = Détalinguer le cable.

DETALL = Détail.
ESTAR ENCARGADO DEL DETALL = Etre chargé du détail.

DEXAR la caza = Lever la chasse.
DEXAR un navío atras = Laisser un vaisseau de l'arrière.
DEXAR parada la ampolleta = Laisser dormir l'horloge.

DIA de carne = Jour de viande.
DIAS de demora = Jours de planche extraordinaires —Starie.

DIANA = Diane.
TOCAR la diana = Battre la diane.

DIARIO = Journal, Casernet.
VÍVERES de diario = Vivres du journalier.

DIENTE = Adent, Entaille.
DIENTES del gato = Dents d'un cric.

DIETAS = Conduite, Frais de conduite.

DIFERENCIA de calados = Différence de tirant d'eau.
DIFERENCIA en latitud = Différence en latitude *ou* en longitude.

DIFERIR el velacho = Larguer les fanons du petit hunier en signal d'appareillage.

DIMENSIONES de un barco = Dimensions *ou* Proportions d'un bâtiment *ou* de ses différentes parties.

DIOS, ALLÁ VA CON DIOS! = A Dieu va!

DIQUE = Bassin de construction, Forme pour construire.

Eslora del dique = Longueur de bassin.

Manga del dique = Longueur totale d'un bassin.

Los bancos en un dique = Les bancs dans un bassin.

Entrar en el dique = Entrer dans le bassin.

DIRECTOR ó inspector del arsenal = Directeur d'un arsenal.

Director de los víveres de la marina = Directeur des vivres de la marine.

DIRIGIR el rumbo = Donner la route.

DISPUTAR el barlovento = Disputer le vent.

DISTANCIAS, tomar distancias del margen de la luna al del sol = Prendre des distances de la lune au soleil.

DIVISION = Division.

Xefe de division = Chef de division.

DOBLAR un navío á la vela = Doubler, Dépasser un vaisseau à la voile.

Doblar la línea = Doubler la ligne.

Doblar ó montar un cabo = Doubler un cap, Parer un cap, Dépasser un cap.

Doblar las amarras = Doubler les amarres.

DOGRE-BOT, barco de que usan los holandeses en el banco de Dogre para la pesquería de bacalao = Dogre, Dogre-bot.

DORMIR en el balance = Engager dans la lame.

Dormir en la cabezada = Engager au tangage.

DOTACION de un barco = Équipement, Armement complet en officiers, canonniers, matelots et soldats, et en matériel.

DOTAR un navío de guerra = Armer un vaisseau de

guerre, lui donner les hommes et les objets fixés par les ordonnances pour son armement complet.

DRADO *ó* drago, martinete = Blin pour enfoncer des chevilles.

DRAGANTE (*voyez* tragante).

DRIZA = Drisse.

    Driza mayor = Drisse de grande vergue *ou* Grande drisse.

    Driza de mesana = Drisse d'artimon.

    Driza de trinquete = Drisse de misaine.

    Driza de las rastreras y alas = Drisse des bonnettes.

    Driza de aparejo real = Drisse à caliorne.

    Driza del foque mayor = Drisse du grand foc.

    Driza de gavia = Drisse du grand hunier.

    Driza de velacho = Drisse du petit hunier.

    Ustaga de gavia y de velacho = Itague de drisse des huniers.

    Driza de ustaga = Drisse à itague.

    Driza de juanete = Drisse de perroquet.

    Driza del juanete mayor = Drisse du grand perroquet.

    Driza del juanete de proa = Drisse du petit perroquet.

    Driza de sobremesana = Drisse du perroquet de fougue.

    Ustaga de juanete = Itague de drisse de perroquet.

    Driza de periquito = Drisse de la perruche.

    Driza de la cangreja = Drisse du pic *ou* d'une vergue à corne.

    Driza de vela de estay = Drisse de voile d'étai.

    Driza del gallardete = Drisse de flamme.

    Driza de la bandera = Drisse de pavillon.

DUELAS = Douelles *ou* Douves de futailles.

DUNAS, MÁNGANOS DE ARENA = Dunes, collines de sable au bord de la mer.

DURMIENTE = Bauquière.

DURMIENTE DE LOS BAOS DE LA TOLDILLA = Goutière renversée sous la dunette.

SOBREDURMIENTE = Fourrure de goutière.

DURO, NAVÍO QUE ESTÁ DURO Á LA VELA Ó DURO AL APAREJO = Vaisseau qui porte bien la voile.

NAVÍO DURO PARA ORZAR = Vaisseau dur à venir au vent.

ECH

ECHAR Á LA MAR = Jeter à la mer.

ECHA LA BOYA AL AGUA! = Jette la bouéc à l'eau!

ECHA AL AGUA LA GUINDOLA! = Jette à l'eau la bouée de sauvetage!

ECHAR Ó ARROJAR LA CARGA AL MAR, HACER ECHAZON = Jet à la mer.

ECHAR EL AGUA DEL BOTE = Jeter l'eau du canot.

ECHAR EL ÁNCLA Ó DAR FONDO = Jeter l'ancre, Mouiller.

ECHAR LOS ARPEOS DE ABORDAGE = Jeter les grapins d'abordage.

ECHAR LA ARTILLERÍA Ó LOS CAÑONES AL AGUA = Jeter les canons à la mer.

ECHAR LA BATERÍA AL MAR = Mettre la batterie à l'eau.

ECHAR LA CORREDERA = Jeter le loch.

ECHAR EL ESCANDALLO, SONDEAR = Jeter la sonde.

ECHAR AGUA EN EL TUBO DE LA BOMBA = Charger *ou* Engréner la pompe.

ECHAR UNA DESCARGA = Envoyer une bordée.

ECHAR UNA GUIA PARA PASAR OTRO ORINQUE = Couler un maillon.

ECHAR LAS HAMACAS Ó COYES EN LAS REDES DE LOS

PASAMANOS = Mettre les hamacs dans les filets de bastingage des passe-avants.

ECHAR PERNOS FUERA, REBUJAR UNOS PERNOS = Repousser des chevilles.

ECHAR EL PUNTO EN LA CARTA = Pointer la route, Pointer la carte.

ECHAR Á PIQUE UN BARCO = Couler à fond un bâtiment, le faire périr.

ECHAR UN NAVÍO Á FLOTE, DESENCALLAR UN NAVÍO, ECHAR Á FLOTE UN NAVÍO ENCALLADO = Déchouer un vaisseau.

ECHAR EN VELA ó ARRIBAR PARA CORRER VIENTO EN POPA = Arriver vent arrière.

ECHIZAR UN CABO = Faire un cordage en queue de rat.

ELEVARSE EN LATITUD = s'Élever en latitude.

EMBARCA! = Embarque!

EMBARCACION = Embarcation.

EMBARCACION DE ALIJO = Allége.

EMBARCACION DE AVISO, DE CORREO = Barque d'avis.

EMBARCACION CHATA = Bateau plat.

EMBARCACION CUBIERTA = Bâtiment ponté.

EMBARCADERO = Embarcadère.

EMBARCAR = Embarquer.

EMBARCAR LAS MERCANCÍAS = Embarquer les marchandises.

EMBARCAR TROPAS = Embarquer des troupes.

EMBARCARSE = s'Embarquer.

EMBARCO DE TROPAS = Embarquement de troupes.

EMBARGAR ó ESLINGAR = Élinguer.

EMBARGAR LOS BARCOS DE LA COSTA = Mettre en réquisition les bâtimens de la côte.

EMBARGO = Embargo.

PONER EMBARGO, EMBARGAR = Embarguer.

EMBATE DE LA MAR, MAR ENCONTRADA, CONTRASTE DE MAR = Clapotage de la mer.

EMBATER = Briser, *en parlant de la mer.*
LA MAR EMBATE = La mer brise.

EMBESTIRSE POR LA PROA = s'Aborder de franc étable.

EMBICAR UNA VERGA, AMANTILLAR UNA VERGA = Apiquer une vergue.
EMBICAR LA CEBADERA Á ESTRIBOR = Apiquer la civadière à tribord.
EMBICAR AL VIENTO = Apiquer au vent.

EMBIGOTAR LAS VIGOTAS Á LOS OBENQUES = Amarrer les caps de mouton aux haubans.

EMBOCAR = Embouquer.
EMBOCAR EL ESTRECHO = Entrer dans le détroit.

EMBONAR UN BARCO = Souffler un bâtiment, augmenter l'étendue de sa flottaison.

EMBONO = Soufflage.

EMBORNAL = Maugère *ou* Dalot.
CANALES DE PLOMO EN LOS EMBORNALES = Dalots à tuyaux de plomb.

EMBREAR LAS COSTURAS DE UN NAVÍO Ó DAR BETUN Á UN NAVÍO = Brayer *ou* Goudronner les coutures d'un vaisseau.

EMBUTIR, HACER ENTRAÑADURA = Congréer *ou* Peigner un cordage.

EMPACHAR, EMBARAZAR UN BARCO = Encombrer un bâtiment, Engager une partie d'un bâtiment *ou* de sa cargaison.
BARCO EMPACHADO = Bâtiment encombré.

EMPACHO, EMBARAZO = Encombrement.

EMPALMADURA = Pièces de bois réunies en placage, Empature de deux pièces de bois.

EMPALMAR, CIMELGAR = Empater deux pièces de bois, Réunir des pièces en placage, Faire des écarts plats *ou* à mi-bois, Jumeler.

EMPALOMAR = Ralinguer, *coudre les ralingues à une voile*, Merliner des ralingues.

EMPAÑADO = Vaigrage *ou* Vaigres.
  TABLAS DEL EMPAÑADO = Bordages du vaigrage.
  PONER EL EMPAÑADO = Vaigrer.

EMPARCHAR *ó* PONER PARCHES = Aveugler *ou* Boucher avec des prélarts *ou* une voile lardée.
  BARCO EMPARCHADO = Bâtiment crevé dont les trous sont bouchés avec des prélarts *ou* des voiles lardées.

EMPAVESADA, PAVESADA = Pavois.

EMPAVESAR = Pavoiser, *lorsque l'on met les pavois de hune et de bastingage.*

EMPEÑADO, ESTAR EMPEÑADO SOBRE LA COSTA = Être engagé sur la côte.

EMPEÑAR *ó* TRAVAR UN COMBATE = Engager un combat.

EMPERNAR, ENCLAVIJAR = Cheviller, Goujonner.

EMPEZAR Á DESCARGAR UN BARCO = Commencer à décharger un bâtiment.

EMPLOMAR = Plomber, Doubler *ou* Couvrir en plomb.

EMPUJAR *ó* DESATRACAR = Déborder d'un bâtiment, pousser au large étant à terre.

EMPUÑIDURA DE UNA VELA = Pointure *ou* Empointure d'une voile.
  TOMAR LA EMPUÑIDURA DE UN RIZO = Prendre la pointure d'un ris.

Empuñiduras = Rabans d'empointure.

ENCABILLAR *ó* CLAVAR CON CABILLAS = Gournabler un vaisseau.

ENCALLAR = Échouer.

Encallarse en la costa = s'Échouer à la côte.

ENCÁPILLADURA = Capelage.

ENCAPILLAR = Capeler.

Encapillar la obencadura, encapillar las tablas de xarcia = Capeler tous les haubans.

ENCAVILLAR (*voyez* ENCABILLAR).

ENCAXAR = Entailler.

ENCEPAR un áncla, poner sus cepos al áncla = Enjaler une ancre, Surjaler une ancre.

Ancla encepado = Ancre surjalée.

ENCERADO = Prélart — Cagnard.

Encerados de las costuras = Bandes de toile pour couvrir les coutures.

ENCHIDURAS = Pièces de *remplissage* pour faire des bas mâts (*voyez* CHAPUCES).

ENCHIMIENTO = Remplissage, Pièce de remplissage.

ENCHINAS de una entena = Les amarrages qui retiennent les pièces d'un *antenne,* *ou* les roustures faites sur une *antenne.*

ENCINTRAR encima el cable *ó* estar ahorcado encima el cable, *hablando de un navío* = Ceintrer sur son cable, *en parlant d'un vaisseau.*

ENCLAVAR un cañon = Enclouer un canon.

ENCLAVIJAR, meter los pernos = Cheviller.

ENCONTRADA, ir de vuelta encontrada = Courir à bord opposé.

Mar encontrada ó encrispada = Mer courte, Mer clapoteuse.

ENCONTRAR un navío = Rencontrer un vaisseau.

ENDENTADO = Endentement, *terme de charpentier.*

ENDENTAR, hacer escarpes, empalmar = Écarver — Endenter par des adents, *comme les différentes pièces d'un mât d'assemblage.*

ENDEREZAR la arboladura = Dresser la mâture.

ENEMIGO, navío enemigo = Vaisseau ennemi.

ENFILAR un navío = Enfiler un vaisseau.

Enfilar una marcacion con otra = Fermer des marques de reconnoissance, les mettre l'une par l'autre.

Tener dos marcaciones enfiladas = Relever deux objets l'un par l'autre.

ENGALANAR = Pavoiser *avec des pavillons.*

ENGALGADURA = Empennelage.

Anclote de engalgadura ó de galga = Ancre d'empennelle.

ENGALGAR el áncla, dar la zapata á la uña del áncla = Empenneler l'ancre, Brider l'ancre.

ENGANCHAR = Crocher *ou* Accrocher.

Enganchar, alistar marineros = Engager des matelots, les enrôler.

ENGAÑADURA = Cul-de-porc double, nœud de haubans.

ENGARGAR ó engalgar el áncla = Brider l'ancre.

ENGAZAR = Estroper *ou* Mettre une estrope simple sans cosse.

ENGAZAR ó GARGANTEAR UN MOTON = Estroper une poulie.

ENGUILLAR LOS TOMADORES = Rabaner.

ENJARETADO, ALJADREZ, JARETA ó QUARTEL DE ENJARETADO = Caillebotis.

ENJARETADOS DE LAS ESCOTILLAS = Caillebotis des écoutilles.

ENJUGAR (*voyez* ENXUGAR).

ENJUNCAR = Arrimer, placer le lest.
NAVÍO QUE NO ESTÁ BIEN ENJUNCADO = Vaisseau mal arrimé.

ENJUNCAR LAS VELAS = Mettre les voiles sur les fils de caret.

ENJUNQUE = Arrimage, *en parlant du lest en fer ou en pierre que l'on arrime* (*voyez* ESTIVA).

ENJUNQUE QUE NO ESTÁ BIEN HECHO = Mauvais arrimage.

HACER EL ENJUNQUE = Faire l'arrimage.
MUDAR EL ENJUNQUE = Changer l'arrimage.

ENMAR LAS VELAS = Mouiller les voiles.

ENMARAR = Prendre le large, Prendre la haute mer.
ENMARAR, SALIR FUERA DE CABOS, ZAFARSE DE PUNTAS = Décaper, Se mettre au large.

ENMECHAR = Enliouber — Endenter.

ENMENDAR, TIEZAR OBENQUES = Reprendre des haubans.

ENMENDAR UN APAREJO = Reprendre un palan.
ENMENDAR AL CABRESTANTE, SUSPENDER LAS VUELTAS POR ARRIBA = Reprendre au cabestan, Lever les tours en haut.

ENMENDAR ó RECORRER EL APAREJO DEL NAVÍO = Recourir, Visiter les manœuvres.

ENMENDAR UN CABO = Rafraîchir une manœuvre, couper le bout mauvais.

ENMENDAR LA ENTALINGADURA = Rafraîchir l'étalingure.

ENRATADURA = Trou de rat dans un bordage.

ENSENADA, ERRADURA = Anse, Baie ouverte, Rade foraine.

ENTABLADO ó TARIMA PARA PONER LOS HERIDOS = Poste des malades sur le faux-pont.

VIENTO ENTABLADO = Vent tenace à la même partie.

ENTABLAR UN BARCO = Border un bâtiment, clouer ses bordages, ses côtés.

ENTABLAR LA CUBIERTA = Border le pont.

ENTALINGADURA, BALZO = Étalingure.

ENTALINGAR UN CABLE = Étalinguer ou Talinguer, amarrer un cable à l'arganeau de l'ancre.

ENTARIMADO, SOLLADO = Faux-pont.

ENTENA ó ANTENA = Antenne, vergue.

EL CAR DE LA ENTENA = Le bout d'en bas de l'antenne.

LA PENA DE LA ENTENA = La penne de l'antenne.

LAS OSTAS DE LA PENA = Les ostes de l'antenne.

ENCHINAS DE UNA ENTENA = Roustures faites sur une antenne.

ENTRA LA MAR, LA MAR SE VA PONIENDO BRAVA = Grossir, la mer grossit.

ENTRADA DE UN PUERTO = Entrée d'un port.

ENTRAÑADURA = Congréage.

HACER ENTRAÑADURA, EMBUTIR = Congréer *ou* Peigner un cordage.

XARCIA DE ENTRAÑADURA = Cordage à congréer.

ENTRAR ADENTRO DE PUNTAS = Encaper.

ENTRAR Á UN BARCO = Gagner un bâtiment, le joindre.

ENTRAR EN EL DIQUE = Entrer dans le bassin.

ENTRAR EN UN PUERTO = Entrer dans un port.

ENTRECUBIERTA, PUNTAL DE LA ENTRECUBIERTA = Hauteur de l'entrepont.

ENTREMICHES = Traversins des baux.

ENTREMICHES *ó* CURVAS DE ENTREMICHE = Courbes horizontales.

ENTREMICHES DEL BAUPRÉS = Flasques de beaupré.

ENTREPUENTE = Entre-pont.

ENVERGAR LAS VELAS = Enverguer les voiles.

ENVERGAR LAS VELAS Á BESAR = Enverguer les voiles tout plat.

ENVERGUES = Rabans d'envergure *ou* de têtière, Rabans de faix.

ENVIAR UN HOMBRE AL CAÑON = Envoyer un homme au cabestan.

ENXUGAR EL AGUA = Sécher l'eau de dessus le pont avec un faubert.

ERROR DE LA ESTIMA = Erreur de l'estime.

ESCALA, SURGIDERO PUERTO = Relâche.

HACER ESCALA = Faire escale, Toucher *ou* Relâcher.

ESCALAMOTES = Têtes des alonges de revers.

ESCALERA = Echelle.

ESCALERA REAL = Echelle de commandement.

ESCALERA DE CABO = Échelle de corde, de poupe.

ESCALERA DEL COSTADO, ESCALERA DEL PORTALON = Echelle de côté.

ESCALERETAS DE UNA CUREÑA = Les adents des flasques
d'un affut.

ESCANDALLO = Plomb de sonde.
DAR FONDO AL ESCANDALLO = Jeter la sonde.

ESCAPARSE, Zafarse, Huirse = s'Échapper, s'Enfuir.

ESCARAMUJO = Cravan, *sorte de vers de mer qui s'at-
tache sur le bois*

ESCARPE = Écart long comme ceux des pièces de la quille
ou des baux d'assemblage.
HACER ESCARPE = Écarver.
JUNTAR CON ESCARPE = Endenter deux têtes de bordage
ou de membrure.
ESCARPE DOBLE = Ecart double.

ESCASEAR = Refuser.
ESCASEA EL VIENTO = Le vent refuse.

ESCASO, VIENTO ESCASO = Vent au plus près.
NAVEGAR CON VIENTO ESCASO = Courir à pointe de
bouline.

ESCLUSA = Écluse.

ESCOAS = Têtes de varangue.

ESCOBA = Balai.

ESCOBENES = Écubiers.
TACOS BAXO LOS ESCOBENES = Fourrure d'écubiers.
ESCOBENES DE LAS ESCOTILLAS = Taquets gougés *ou*
Écubiers des écoutilles.

ESCOBILLA DE CERDAS = Brosse à laver le pont.

ESCOBON = Goret, *gros balai avec un long manche.*

ESCOLLOS = Écueils.

ESCOLTA = Escorte.

ESCOPERO = Guipon, Brosse, Vaton, Pinceau.

ESCORA DE UN BUQUE = Fort d'un vaisseau.

ESCORAR = Ne pas dépasser le fort en inclinant.

ESCORAS, PUNTALES = Accores.

ESCORBUTO = Scorbut.

ESCOTA = Écoute des basses voiles, et voiles latines.

> LAS ESCOTAS DE VELA MAYOR Y TRINQUETE Y LOS ESCOTINES DE GAVIA Y VELACHO = Les écoutes de grande voile et de misaine, et celles du grand et petit hunier.

> ESCOTAS DE LAS RASTRERAS = Écoutes de bonnettes basses.

> ESCOTAS DE BARLOVENTO = Ecoutes du vent.

> ESCOTAS DE SOTAVENTO, ESCOTAS DE REVÉS = Ecoutes de revers.

> ESCOTAS VOLANTES = Écoutes volantes.

> CONTRAESCOTAS = Fausses-écoutes.

> CAZAR LAS ESCOTAS = Border les écoutes.

> LARGAR LAS ESCOTAS = Larguer les écoutes.

ESCOTERA DE AMURA = Trou d'écoute.

> ESCOTERA ó MAIMOTON MAYOR = Sep de drisse du grand mât.

> ESCOTERA DE TRINQUETE = Sep de drisse de misaine.

> ESCOTERA DE MESANA = Sep de drisse d'artimon.

ESCOTILLA = Écoutille, Panneau.

> ESCOTILLA MAYOR = Grande écoutille.

> ESCOTILLA DE POPA = Écoutille de l'arrière, Écoutille aux poudres.

> ESCOTILLA DE PROA DEL PAÑOL DE LOS CABLES = Écoutille de la fosse aux cables.

> ESCOTILLA DE LOS VÍVERES = Écoutille aux vivres.

> ENJARETADOS DE LAS ESCOTILLAS = Caillebots des écoutilles.

Quartel para escotillas = Panneau *ou* Quartier pour les écoutilles.

ESCOTILLON = Écoutillon.
   Escotillon en las penas de un bote para esgotar el agua = Sentine *ou* Goutière d'un canot.

ESCOTIN = Écoute de hune *ou* de perroquet.
   Los escotines de gavia y de velacho = Les écoutes de grand et de petit hunier.

ESCRIBANO = Écrivain de bâtiment marchand.

ESCUADRA (*voyez* esquadra).

ESCUDO = Écusson.
   Escudo de armas = Dossier d'un canot.

ESCULTURA de navío = Sculpture de vaisseau.

ESCURRIR el agua = Essarder l'eau de dessus le pont.

ESFERA, exe, polo de la aguja = Balancier d'une boussole.

ESFÉRICA, carta esférica, carta reducida = Carte réduite.

ESLINGA = Élingue de corde, Palombe.

ESLINGAR, embargar = Élinguer.
   Gafas para eslingar la pipería = Mains de fer pour élinguer les barriques.

ESLORA = Hiloire d'écoutille, *celle en long.*
   Eslora de un barco = Longueur d'un bâtiment de tête en tête.
   Eslora del dique = Longueur de bassin.

ESMERIL = Strombeau *ou* Tromblon, Espingole.

ESPADILLA = Espade *ou* Espadon, *palette pour battre et briser le chanvre sur le chevalet.*

ESPADILLAR = Espader le chanvre.

ESPALDONES = Le massif de l'avant, entre le couple de coltis et l'étrave.

ESPALMAR un navío, dar sebo á un navío = Espalmer un vaisseau, Donner un suif.

ESPEQUE = Anspec.
    Espeques grandes = Gros anspects.
    Espeque para tortorar un cabo = Barre à tressillonner.

ESPIA = Touée.
    Extender una espia = Élonger une touée.

ESPIARSE, extender espia = Se touer, Aller à la touée.

ESPICHE = Épite, *petite cheville de bois.*

ESPIGA ó asta de un mastelero = flèche d'un mât.
    Espiga de grimpolon = Verge *ou* Fût de girouette.
    Espiga de un palo = Bout du ton d'un mât.

ESPINGARDA = Espingole.

ESPOLETA de la bomba = Fusée de la bombe.

ESPUERTA = Manne d'osier.

ESPUMA de la mar — Écume de la mer.

ESPUMAR = Écumer.
    La mar espuma = La mer écume.

ESQUADRA = Escadre.
    Esquadra de evolucion = Escadre d'évolution.
    Esquadra de observacion = Escadre d'observation.
    Esquadra sutil, fuerzas sutiles = Flotille de guerre.
    Xefe de esquadra = Commandant d'une escadre.
    Esquadra, gnomon = Equerre droite.

ESQUELETO, casco de navío = Carcasse de vaisseau.

ESQUIFA = Esquif, Yole.

ESQUIFACION

ESQUIFACION = Armement d'un bateau *ou* d'un canot en hommes et objets d'équipement.

ESQUIFACION DE UN BOTE = Équipage d'un canot en hommes.

Nota. *Cada bote debe tener su esquifacion de palos, vergas ó botabarras, velas y remos* = Chaque embarcation doit avoir ses mâts, ses vergues, ses voiles et ses avirons.

ESTABILIDAD DE UN NAVÍO = Stabilité d'un vaisseau.

ESTABLECER UN CRUCERO = Établir une croisière.

ESTABLECIMIENTO DE UN PUERTO = Établissement d'un port.

ESTACADA, CADENA DE UN PUERTO = Estacade, Chaîne d'un port.

ESTACHA = Ligne de baleine.

ESTADA = Jours de planche, Starie, Séjour.

ESTANCA (*voyez* ARBOLILLO).

ESTANCO = Étanche, qui tient l'eau.

ESTAR ADELANTADO MAS QUE EL PUNTO = Être en avant de son point *ou* de son estime, Se faire de l'avant.

ESTAR EN LAS AGUAS DE UN NAVÍO = Être dans les eaux d'un vaisseau.

ESTAR AHOGADO POR LA MAR *ó* ESTAR CABECEANDO = Être mangé par la mer.

ESTAR AHORCADO ENCIMA EL CABLE = Être ceintré sur son cable.

ESTAR EN ALTO MAR = Être au large, en pleine mer.

ESTAR Á LA ALTURA DE.... = Être à la hauteur de....

ESTAR AMARRADO MAREA Á LA QUADRA *ó* ESTAR MEDIO ATRAVESADO = Mouiller mi-travers à la marée.

ESTAR AL ÁNCLA, ESTAR ANCLADO = Être à l'ancre.

ESTAR APROADO = Être sur le nez.

ESTAR DE ARMADILLA = Être en station.

ESTAR ARRASTRADO POR LA CORRIENTE = Être drossé par les courans.

ESTAR ARREJERADO = Mouiller en croupière.

ESTAR ATERRADO = Être mangé par la terre, Être tout près de terre.

ESTAR ATRASADO MAS QUE EL PUNTO = Se faire de l'arrière.

ESTAR ATRAVESADO = Mouiller entre vent et marée, Tenir en travers.

ESTAR ATRAVESADO AL VIENTO = Être en travers au vent, Éviter le travers au vent.

ESTAR Á BARLOVENTO = Être au vent, avoir le dessus du vent.

ESTAR CABECEANDO = Être mangé par la mer, Tanguer sur son ancre.

ESTAR Á LA CAPA = Être à la cape.

ESTAR CARGADO POR UN CHUBASCO = Être chargé par un grain.

ESTAR CARGANDO ó ESTIVANDO = Être en chargement.

ESTAR CEÑIDO = Être au plus près.

ESTAR CONTRARIADO (*voyez* CONTRARIADO).

ESTAR DE CRUCERO, CRUZAR EN EL MAR = Croiser.

ESTAR DESCAECIDO ó LEJOS DE SU RUMBO = Être dérivé loin de sa route.

ESTAR DESCARGANDO = Être en décharge.

ESTAR DESMANTELADO = Être désemparé.

ESTAR DURO Á LA VELA ó AGUANTAR VELA = Porter bien la voile.

ESTAR EMPEÑADO SOBRE LA COSTA = Être engagé sur la côte.

ESTAR ENCARGADO DEL DETALL = Être chargé du détail.

ESTAR EN FACHA = Être en panne, Être vent dessus, vent dedans.

ESTAR Á FLOTE ó FLOTAR = Être à flot, Flotter.

ESTAR EN FRANQUÍA = Être en appareillage, Être en partance.

ESTAR FUERA DE VISTA = Être hors de vue, avoir noyé la terre.

ESTAR DE LA GUARDIA DE BABOR = Être du quart de bâbord.

ESTAR DE LA GUARDIA DE ESTRIBOR = Être du quart de tribord.

ESTAR HECHO UNA BALSA, ESTAR HECHO UNA BOYA = Être démâté ras comme un ponton.

ESTAR EN LASTRE = Être sur son lest.

ESTAR LISTO = Être paré.

ESTAR LISTO Á RECIBIR CARGA = Être prêt à charger.

ESTAR PASADO DE BROMA = Être piqué des vers.

ESTAR AL PAYRO, ESTAR EN FACHA = Être en panne.

ESTAR PARA PERDERSE = Être en perdition.

ESTAR Á PLAN BARRIDO = Être tout lége.

ESTAR DE PILOTO, ESTAR DE PRÁCTICO = Être pilote sur un bâtiment, Piloter un bâtiment.

ESTAR Á PIQUE = Être à pic.

ESTAR DE PRÁCTICO EN UN LUGAR = Être pratique dans un lieu.

ESTAR Á PROA = Être devant.

ESTAR CON UNA REJERA SOBRE EL CABLE = Mouiller en faisant embossure, s'Embosser.

ESTAR SEPARADO ó DERIVADO DE LOS OTROS NAVÍOS CON LOS QUALES SE IBA DE CONSERVA = Être efiloté ou écarté des vaisseaux avec qui l'on alloit de compagnie.

ESTAR SOBRE LAS ÁNCLAS DEL FLUXO Y REFLUXO = Être sur les ancres de flot et de jusant.

ESTAR SOBRE LAS PIEDRAS = Être sur les roches.

ESTAR DE TOPE = Être en vigie au haut d'un mât.

Estar en traves = Venir en travers.

Estar de traves con un barco = Être par le travers d'un bâtiment.

Estar al traves entre las olas = Être à travers des lames.

Estar tumbado, estar sobre el costado = Être sur le côté, Être à la bande.

Estar de urca = Être armé en flûte.

Estar á la vela = Etre à la voile, Être sous voile.

Estar zambullido, zambullir = Donner la cale.

ESTAY = Étai.

Contraestay = Faux-étai.

Estay mayor = Grand étai *ou* Etai du grand mât.

Contraestay del palo mayor = Grand faux-étai *ou* Faux-étai du grand mât.

Estay de trinquete = Étai de misaine.

Contraestay de trinquete = Faux-étai de misaine.

Estay de mesana = Étai d'artimon.

Estay del mastelero de mesana = Étai de perroquet de fougue.

Estay del mastelerito de periquito = Étai de la perruche.

Estay del mastelero mayor = Étai du grand hunier *ou* Etai du grand mât de hune.

Estay de velacho = Étai du petit hunier *ou* Etai du petit mât de hune.

Estay del juanete mayor = Étai de grand perroquet.

Estay del juanete de velacho = Etai de petit perroquet.

Falso estay = Étai de tangage.

Gaza de estay = Collet d'étai.

Gaza de la vigota de estay = Collier d'étai.

Gaza del estay mayor = Collier du grand étai.

ESTE, LEVANTE = Est.
  ESTE QUARTO AL SUESTE = Est-quart Sud-Est.
  ESTE SUDESTE ó ES-SUESTE = Est Sud-Est.
  SUDESTE QUARTO AL ESTE = Sud-Est quart d'Est.
  SUDESTE ó SUESTE = Sud-Est.
  SUDESTE QUARTO AL SUD = Sud-Est quart de Sud.
  SU-SUESTE = Sud Sud-Est.
  SUD QUARTO AL SUESTE = Sud-quart Sud-Est.

ESTELA DE UN BARCO = Sillage d'un bâtiment.
  HACER UNA BUENA ESTELA = Faire un bon sillage.
  NO HAY ESTELA = Il n'y a point de sillage.

ESTEMENARAS DE LOS PIQUES = Genoux des fourcats.

ESTERO, TIERRA QUE DESCUBRE Á LA VACIANTE = Laisse, terre que la mer découvre lorsqu'elle baisse.

ESTILO ó PEON DE LA AGUJA DE BRÚXULA = Pivot de l'aiguille de la boussole.

ESTIMA = Estime de la route.
  ERROR DE LA ESTIMA = Erreur de l'estime.

ESTIMAR LA DERROTA = Estimer la route.

ESTIRAR = Élonger un cordage pour l'empêcher de prendre ensuite du mou *ou* de faire des coques.

ESTIVA = Arrimage de plans de barriques *ou* de marchandises.

ESTIVADOR = Lesteur, Arrimeur.

ESTIVAR ó ARRUMAR = Arrimer des marchandises, Estiver.

ESTOPA DEL CÁÑAMO = Étoupe du chanvre.
  ESTOPA BLANCA = Étoupe blanche.
  ESTOPA ALQUITRANADA = Étoupe noire *ou* goudronnée.

ESTOPEROLES = Clous à maugère.

ESTRECHAR las distancias = Serrer la ligne.

ESTRECHO = Détroit.

ESTRELLADO, barco estrellado á la costa = Bâtiment brisé sur la côte.

ESTRELLERA = Candelette.
    Corona de estrellera = Pendeur de candelette.
    Veta de estrellera = Garant de candelette.
    Estrelleras ó aparejos de la caña del timon = Palans de la barre du gouvernail.
    Estrelleras ó aparejos de los lados del timon = Palans aux côtés du gouvernail.

ESTREPADA, aguantar la estrepada = Étaler, *en parlant d'un cordage qui résiste à un effort subit.*
    Uno de los cables se rompío, el otro aguantó la estrepada = Un des cables a cassé, l'autre a étalé.

ESTRIBO ó grillete para bomba de cadena = Chaînon *ou* Anneau pour une pompe à chapelet.
    Estribo de cadena para mesas de guarnicion = Étrier de chaîne de haubans.
    Estribos de los guardamancebos = Estropes *ou* Étriers de marche-pieds d'une vergue.

ESTRIBOR = Tribord.
    La banda de estribor = Le côté de tribord.
    Estribor la caña! = Tribord la barre!
    Estribor un poco! = Tribord un peu!
    Estribor todo! = Tribord tout!
    Guardia de estribor = Les tribordais.
    Boga estribor! = Nage tribord!

ESTRINQUE ó candeleton = Palan de charge frappé

sur un étai — Bredindin frappé sur le grand étai au-dessus du grand panneau.

ESTROBO *ó* corona = Pendeur *ou* Pantoire.

Estrobo *ó* corona del aparejo real = Pendeur de caliorne.

Estrobo *ó* corona de estrellera = Pendeur de candelette.

Estrobo del timon = Herse de gouvernail.

Estrobo de trinela para atezar los obenques = Estrope *ou* Esbire à rider les haubans.

Estrobo con gafas = Estrope à pattes.

Estrobo en la cruz de una verga = Suspente d'une vergue.

Estrobos de las vergas = Estropes des vergues.

Estrobos de la seca = Moustaches de la vergue sèche.

EVOLUCION = Manœuvre, Évolution d'une escadre.

EVOLUCIONAR = Évoluer, *en parlant d'une escadre.*

EVOLUCIONES navales = Évolutions navales.

Esquadra de evoluciones = Escadre d'évolutions.

EXCLUIDO, navío excluido = Vaisseau condamné.

El excluido = Objets condamnés.

EXCLUIR un barco = Condamner un bâtiment.

EXE de la cureña = Essieu d'un affût de canon.

El pezon del exe = La fusée de l'essieu.

EXERCICIO del cañon = Exercice du canon.

EXPEDICION de guerra = Expédition de guerre.

EXTENDER una amarra = Élonger une amarre.

Extender una epsia = Élonger une touée.

Extender un áncla = Alonger une ancre.

Extender un cable = Alonger un cable.

Extender cabos = Alonger des cordages.

Extender un calabrote = Alonger un grelin.

Extender un navío = Alonger un vaisseau.

EXTRANGERO, navío extrangero = Vaisseau étranger.

EXTREMIDADES de la bodega = Les ailes *ou* extrémités de la cale.

FAR

FACHA *ó* payro = Panne.

    Estar en facha *ó* estar al payro = Être en panne — Être vent dessus, vent dedans.

    Poner en facha *ó* poner al payro = Faire chapelle *ou* Masquer.

FACTORERIA = Factorerie, Comptoir.

FAENA, las faenas de bordo = Travail du bord — Manœuvre, toute espèce de travail qui se fait à bord.

FALCACEAR = Surlier un cordage, un cable, etc.

FALCACEO = Surliure.

FALCAS, falques = Fargues.

FALSA banda = Faux-côté d'un vaisseau.

FALSO estay = Étai de tangage.

    Falso rumbo, hacer falso rumbo = Faire fausse route.

FALTAR la virada = Manquer à virer.

FALUA = Grand canot d'un vaisseau de guerre, Felouque.

FANAL, faro, farol = Fanal, Phare, Tour à feu.

FAROL = Fanal.

    Farol de cofa *ó* de gavia = Fanal de-hune.

Farol de popa = Fanal de poupe.

Farol del pañol de pólvora = Fanal de soute à poudre.

Farol secreto = Fanal sourd.

Faroles de combate = Fanaux de combat.

FAROLERIA = Atelier de la ferblanterie.

FASQUIA = Lisse des couples.

FAXA de rizos = Bande de ris.

Faxas del cañon (*voyez* cañon).

FÉ de sanidad = Lettre de santé, Patente de santé.

FIERRO (*voyez* hierro).

FIGURA ó figuron de proa = Poulaine, Figure de la poulaine.

FILASTICA = Fil de caret.

Filástica descolchada = Vieux fil de caret.

Filástica por las relingas = Fil à ralingue.

FIN de la marea = Fin du flot *ou* flux.

FINO, barco fino = Bâtiment fin, qui a les fonds fins.

FLAMEAR, ir tocando, tocar = Barbeyer, Fasier *ou* Faseyer.

Poner á flamear = Mettre à fasier *ou* en ralingue.

Flamean las velas = Les voiles faseyent.

FISGA ó harpon = Foëne.

FLAMULA = Banderolle.

FLANCOS de un navío = Les flancs d'un vaisseau.

FLECHADURAS ó flechastes = Enfléchures.

Hacer flechaduras = Faire des enfléchures.

Meter las flechaduras = Mettre les enfléchures.

FLETAMIENTO = Fretement *ou* Affrétement.

Contrato de fletamiento = Contrat d'affrétement.

FLETAR *ó* AFLETAR = Nolizer , Fréter.

FLETE = Nolis *ou* Nolisement , Frêt.

FLIBOTE , URCA , BARCO HOLANDÉS = Flibot, bâtiment hollandais.

FLOTA = Flotte marchande , Convoi marchand.

FLOTAR *ó* ESTAR Á FLOTE = Être à flot , Flotter.

FLOTE , Á FLOTE = A flot.

    ESTAR Á FLOTE = Être à flot.

    PONER UN NAVÍO Á FLOTE = Mettre un vaisseau à flot.

    COMPONER UN BARCO Á FLOTE = Radouber un bâti-ment à flot.

FLUXO DE LA MAR = Flot *ou* Flux.

    FLUXO Y REFLUXO = Flux et reflux.

FOGON = Cuisine.

    FOGON DE CAÑON = Lumière d'un canon.

FOGONADURA DE UN PALO = Étambrai d'un mât.

    FOGONADURAS DEL PALO MAYOR = Étambrais du grand mât.

    FOGONADURAS DEL PALO DE TRINQUETE = Étambrais du mât de misaine.

    FOGONADURAS DEL PALO DE MESANA = Étambrais du mât d'artimon.

    FOGONADURAS DEL CABRESTANTE = Étambrais du cabestan.

    FOGONADURAS DE LAS BOMBAS = Étambrais des pompes.

FONDADERO (*voyez* SURGIDERO).

FONDO = Fond.

    FONDO DEL MAR = Fond de la mer.

    FONDO DE ARENA = Fond de sable.

    FONDO DE ARENA MOVEDIZA = Fond de sable mouvant.

    FONDO BLANDO = Fond de mauvaise tenue , Fond mou.

FONDO CASCAJO *ó* CASCARILLA = Fond de coquilles pourries.

FONDO DE CONCHAS *ó* PUNTIAGUDAS = Fond d'aiguilles.

FONDO DE FANGO = Fond vasard *ou* Fond de vase.

FONDO DE GUIJARROS *ó* PEDERNALES = Fond de cailloutage.

FONDO RISCAJO = Fond de roches aiguës.

FONDO DE RISCOS = Fond de gravier.

FONDO TENIDERO = Fond de bonne tenue, Bon fond.

HAY FONDO = Il y a fond.

NO HAY FONDO = Il n'y a pas de fond.

HAY *N* BRAZAS DE FONDO = Il y a *N* brasses de fond.

ALTO FONDO = Haut fond.

FONDO AL ÁNCLA ! = Mouille !

DAR FONDO (*voyez* DAR).

LOS FONDOS DE UN BARCO = Fonds d'un bâtiment.

FOQUE = Foc.

FOQUE MAYOR, FOQUE DE CAZA = Grand foc.

SEGUNDO FOQUE, CONTRAFOQUE = Faux-foc *ou* Second foc.

FOQUE DE MESANA = Foc d'artimon.

FOQUE VOLANTE = Clin foc.

FORMA PARA HACER CARTUCHOS = Forme à gargousses.

FORMAR LÍNEA DE COMBATE = Former la ligne de bataille.

FORMON = Ciseau, *outil de charpentier.*

FORRAR = Garnir, Fourrer.

FORRAR LOS CABLES = Fourrer les cables.

FORRAR LOS CABLES CON CABOS VIEJOS, CAPA, BADERNA Y CAGETA = Fourrer les cables avec de vieux cordages, vieille toile, badernes et sangles *ou* tresses.

FORRAR USTAGAS = Fourrer les itagues.

FORRAR UN NAVÍO = Doubler un vaisseau *ou* Doubler le franc-bord d'un vaisseau.

FORRAR DE COBRE = Doubler en cuivre.

FORRAR DE TABLAS = Doubler en bois.

FORRO = Fourrure, *garniture quelconque.*

FORRO SOBRESANO = Fourrure en bois.

FORRO DE LOS CABLES = Fourrure des cables.

FORRO DE LA BOMBA = Fourrure de pompe.

FORRO DEL ARGANEO *ó* CIGALO DEL ÁNCLA = Emboudinure de l'ancre.

FORRO DE UN BARCO = Doublage d'un bâtiment.

FORRO DE COBRE = Doublage en cuivre.

FORRO DE PLOMO = Doublage en plomb.

FORRO DE TABLAS = Doublage en bois.

FORRO DEL TIMON = Doublage du gouvernail.

FORRO *ó* CANAL DE PLOMO EN LOS ESCOBENES = Boite *ou* Tuyau de plomb dans les écubiers.

FORRO DEL PANTOQUE = Vaigres de fond.

FORZADO, GALEOTE = Forçat, Galérien.

FORZAR DE VELAS, HACER TODA FUERZA DE VELAS, IR CARGADO DE VELAS, IR CON TODO EL TRAPO FUERA = Forcer de voiles, Charrier de la voile.

FOSA PARA ARBOLADURA = Fosse, *lieu où l'on met la mâture.*

FRAGATA = Frégate.

FRAGATA DE GUERRA = Frégate de guerre.

FRAGATA DE COMERCIO = Frégate marchande.

FRANQUIA, ESTAR EN FRANQUÍA = Ètre en appareillage, Ètre en partance.

PONERSE EN FRANQUÍA = Se mettre en appareillage.

FRENTE, LÍNEA DE FRENTE = Ligne de front.

ORDEN DE FRENTE = Ordre de front.

FRESCACHON , viento cascaron = Grand frais de vent.

FRESCO , viento fresco = Vent frais.

FRESQUITO , viento fresquito , calmoso = Petit frais
de vent.

FRISAR = Friser , Garnir de frise.
Frisar la portería = Friser les sabords.

FUEGO, romper el fuego = Commencer le feu.
Cesar el fuego = Cesser le feu.
Dar fuego = Faire feu.
Fuego! = Feu!
Fuego babor ! = Feu bâbord !
Fuego estribor ! = Feu tribord !
Fuego vivo = Feu vif.
Fuego de san telmo = Feu St. Elme , Feu follet.
Dar fuego, dar brusca á un barco = Donner le
feu à la carène d'un bâtiment.
Señal de fuego sobre la costa = Feu sur la côte.
Fuegos falsos , señales de fuego = Faux-feux.
Fuegos de artificio = Feux d'artifice.

FUERA (voyez afuera).

FUERZAS navales = Forces navales.
Fuerzas sutiles ó esquadra sutil = Flottille de
guerre.

FUGADA ó ráfaga de viento = Brise carabinée,
Rafale ou Bourasque.

FUSIL , escopeta = Fusil , arme à feu.

GABARRA, barco de lastre = Bateau lesteur, Chalan, Gabarre.

GABETA = Bidon pour mettre la ration de vin d'un plat de matelots.

GABIA (*voyez* GAVIA).

GABIERO (*voyez* GAVIERO).

GABIETE, pescante = Davier *ou* Minot pour les ancres.

GAFAS = Pattes *ou* Mains de fer pour une élingue à hisser des barriques, Élingue à pattes.

GALAPAGO = Montans du davier.
    GALÁPAGO ó pasteca de firme = Chaumard, Galoche placée dans la muraille *ou* sur le plat - bord d'un bâtiment.

GALDROPE, guardin = Drosse de gouvernail.

GALEAZA = Galéasse, grosse galère.

GALEON = Galion.

GALEOTA de escotilla = Galiote d'écoutille, Traversin d'écoutille.
    GALEOTA holandesa = Galiote hollandaise.

GALEOTE, forzado = Galérien, Forçat.

GALERA = Galère.

GALERIA de popa = Galerie de poupe.

GALETA (*voyez* GALLETA).

GALGA, anclote de galga ó de engalgadura = Ancre d'empennelle.

GALIBAR ó agalibar madera, trabajar á la línea y á la grua = Gabarier une pièce de bois.

GALIBO del timon = Gabarit de gouvernail.

GALIBO *ó* GRUA = Gabarit, Devis.

GALIBOS Y GRUAS DE LAS LIGAZONES = Gabariage des couples.

GALIBOS DE UNA EMBARCACION = Fonds *ou* Façons d'une embarcation.

GALIMA, TABLONES DE GALIMA *ó* CUCHARROS = Pièces de tour de l'arrière *ou* de l'avant.

GALLARDETE, FLÁMULA = Flamme pour mettre au haut d'un mât.

ASTA DE GALLARDETE = Bâton de flamme.

DRIZA DE GALLARDETE = Drisse de flamme.

GALLARDETON, RAVO DE GALLO, GALLARDETE DE CORNETA = Cornette, Guidon.

GALLETA = Galette, Biscuit.

GALLINERO = Cage à poules.

GALON DE BORDA, ESCAÑO = Lisse de vibord.

GAMBA, PALO DE GAMBA = Gatton, *ustensile de cordier.*

GAMBOTAS — Jambettes, Jambes de chien, Quenouillettes *ou* Montans de voûte.

GANAR *ó* GRANJEAR EL BARLOVENTO = Gagner le vent.

GANCHO = Croc.

GANCHO DE LA GATA = Croc de capon.

GANCHO DE VIROLA = Croc à émérillon.

GANCHO DE VIROLA CON GUARDACABO = Croc à émérillon et à cosse.

GANCHO QUE TIENE LA FIGURA DE UNA *S* = Croc de la figure d'une *S*.

GANCHO DE MANO = Croc à main.

GANCHO DE LA BOTABARRA = Crochet de fer fixé au

bout intérieur d'un gui, et par le moyen duquel le gui tient à son mât.

GANCHO DE UN VELERO = Crochet d'un voilier.

GANCHOS DE ARMAS = Crochets d'armes.

GARGANTA = Goulet d'une rade.

GARGANTEAR UN MOTON = Estroper une poulie en mettant une cosse à l'estrope.

GARRAR ó GARREAR = Chasser sur ses ancres, Labourer le fond avec ses ancres.

GARRUCHO = Patte *ou* Œillet fait sur une ralingue.

GARRUCHO DE MADERA = Bague en bois pour enverguer une voile, Margouillet, cosse en bois mise sur une voile.

GARRUCHOS DE BOLINA = Pattes de bouline.

GARRUPO = Ajust, Mariage de deux grelins *ou* de deux bouts de cordage.

HACER GARRUPO = Faire un ajust, Épisser.

GASTOS DE CARGA ó CARGAMENTO = Frais de chargement.

GASTOS DE NAVEGACION = Frais de navigation.

GATA, APAREJO DE GATA = Capon.

GANCHO DEL APAREJO DE GATA = Croc de capon.

MOTON DEL APAREJO DE GATA = Poulie de capon.

VETA DEL APAREJO DE GATA = Garant de capon.

GATA DE ARRONZAR = Croc qui sert à accrocher les pattes de l'ancre, Croc de candelette.

GATO, USILLO, TORNILLO = Cric, Verin.

GAVIA = Hunier, Grand hunier, Hune, Gabie.

GAVIA Y VELACHO CON TODAS LAS ANDANAS DE RIZOS = Huniers aux bas ris.

Gavia y velacho sobre el soco = Le grand et le petit hunier sur le ton, Huniers sur le ton.

Poner gavia en facha = Mettre le grand hunier sur le mât.

La gavia está en facha = Le grand hunier est coiffé, le grand hunier est sur le mât.

Gavias izadas = Huniers guindés.

Gavias arriadas á medio mastelero = Huniers à mi-mât.

Gavias arreclamadas = Huniers hissés en coche.

GAVIERO = Gabier.

Gaviero de cofa mayor = Gabier de grande hune.

Gaviero de cofa de trinquete = Gabier de la hune de misaine.

GAVIETE (*voyez* gariete).

GAZA = Œillet, *gance faite sur le bout d'un grelin ou de tout autre cordage.*

Gaza de estay = Collet d'étai.

Gaza de la vigota de estay = Collier d'étai.

Gaza del estay mayor = Collier du grand étai.

Gaza del branque = Collier d'étai de misaine.

Gaza de un moton = Estrope d'une poulie.

Gazas del tamborete = Estropes sous le chouquet des mâts de hune et de perroquet.

GENOL de una varenga = Genou d'un couple, Genou d'une varangue.

Genoles, ligazones de las quadernas = Alonges.

Genoles postizos = Alonges postiches.

Genoles de las bularcamas = Alonges de porques, Aiguillettes de porques.

Genoles de revés = Alonges de revers.

GENTE de mar = Gens de mer.

GENTE DE MAR MATRICULADA = Gens de mer classés.

GENTE DE LA GUARDIA = Gens du quart.

GIMELGA = Jumelle.

TEJA DE LA GIMELGA = La partie concave de la jumelle.

GIMELGA CON OJOS QUE SE CLAVA BAXO DE LAS VERGAS MAYORES POR LOS ENVERGUES = Rateau de vergue.

GIMELGAS DE BAO = Jumelles de bau.

GIMELGAS DE LA CARLINGA *ó* DE LA SOBREQUILLA = Jumelles à fortifier la carlingue du fond du vaisseau.

GIMELGAS DE CABEZA DE UN PALO = Les deux jumelles *qui, dans la construction espagnole, forment le ton d'un bas mât de vaisseau.*

GIMELGAS DE VERGAS = Jumelles de vergues.

GIMELGAS EN LA CRUZ DE LAS VERGAS = Taquets de vergues, Jumelles de brasseyage, Mattegaux.

GIMELGAS DE RESPETO = Jumelles de rechange.

GIMELGAR, EMPALMAR UN BAO, UN PALO *ó* UNA VERGA = Jumeler un bau, un mât *ou* une vergue.

GNOMON MOVIBLE = Fausse-équerre.

GOBERNAR = Gouverner.

GOBIERNA ADONDE TU TIENES LA PROA ! = Gouvernes où tu as le cap !

GOBIERNA AL RUMBO ! = A la route !

GOBERNAR Á TAL RUMBO DE VIENTO = Gouverner à tel air de vent.

GOBERNAR CON RESPETO Á LA MAR = Gouverner à la lame.

GOBERNAR SOBRE LA TIERRA = Gouverner sur la terre.

GOBERNAR SOBRE EL ÁNCLA = Gouverner sur l'ancre.

GOELETA = Goëlette.

GOLFO = Golfe.

GOLPE DE MAR = Coup de mer, lame qui passe par dessus bord.
  GOLPE DE MAR QUE VIENE DEL FONDO = Coup de mer qui vient du fond.
  RECIBIMOS UN GOLPE DE MAR POR LA PROA = Nous reçûmes un gros coup de mer par l'avant.
  GOLPE DE REMO = Coup de rame, d'aviron.

GOLPEAR, MAJAR EL CÁÑAMO = Affiner, Piler, Battre le chanvre.

GONDOLA = Gondole.

GORUPO = Nœud de vache.

GRADA = Chantier ou Cale pour la construction.
  NAVÍO EN GRADA = Vaisseau sur le chantier.
  GRADA DE CARENAR, CARENERO = Carénage.

GRADO = Degré.

GRANADA DE MANO = Grenade à main.

GRANGEAR ó GANAR EL BARLOVENTO = Gagner le vent, au vent, le dessus du vent sur un vaisseau, s'Élever dans le vent, se haler au vent.

GRAPA DE HIERRO = Crampe de fer.

GRAPON = Grosse crampe.

GRATIFICACION DE MESA = Traitement de table.

GRATIL DE UNA VELA = Envergure d'une voile.
  RELINGA DEL GRATIL = Ralingue de têtière ou d'envergure.

GRILLETE (voyez ESTRIBO).

GRILLOS (LOS), EL CEPO = Fers ou Barre de prisonniers.

GRIMPOLON, CATAVIENTO — Girouette.
  ARMAZON DE GRIMPOLON = Fût de girouette.

HIERRO DEL GRIMPOLON=Bâton de girouette, Verge *ou* Fer de girouette.

GRUA = Grue.

PEQUEÑA GRUA PARA TIRAR AGUA = Petite grue à tirer de l'eau.

GRUAS ó GALIBOS, LÍNEAS = Gabarit, *proportions suivant lesquelles une pièce de membrure ou toute autre pièce est travaillée.*

GRUAS Y GALIBOS DE LAS LIGAZONES = Gabariage des couples.

GRUERAS DE LAS VARENGAS ó DE LOS DESAGUADEROS = Anguillers *ou* Lumières.

GRUESA, MAR GRUESA ó MAR DE LEVA = Levée de la mer, grosse lame de fond.

AGUA GRUESA ó AGUA SALOBRE = Eau saumâtre.

GRUESO Á LA LÍNEA Y Á LA GRUA = Équerrage d'une pièce de bois.

EL GRUESO DEL COSTADO DE UN BARCO = Échantillon, Épaisseur de la muraille d'un bâtiment.

GRUMETE = Novice-matelot, Garçon de bord.

GRUPOS DE PEQUEÑAS ISLAS = Attoles, Groupes d'îles.

GUALDERAS DE LA CUREÑA = Flasques d'un affût.

GUALDRINES ó ARANDELAS DE LA ARTILLERÍA=Faux-mantelets, Faux-sabords.

GUARDAALMACEN = Garde-magasin.

GUARDACABO = Cosse.

GUARDACADENA DE LAS MESAS DE GUARNICION = Lisse de porte-haubans.

GUARDACARTUCHO = Porte-gargousse, Garde-feu.

GUARDACOSTA = Garde-côte.

Navío guardacosta = Vaisseau garde-côte, Patache du domaine.

GUARDAINFANTES del cabrestante = Flasques du cabestan.

GUARDAMANCEBO del bauprés = Sauve-garde du beaupré *ou* Garde-corps.

Guardamancebos del portalon = Sauve-gardes *ou* Tire-veilles de l'échelle hors le bord.

Guardamancebos de una verga = Marche-pied d'une vergue.

Estribos de los guardamancebos = Étriers des marche-pieds.

GUARDAPASOS, las velas dan guardapasos = Les voiles fouettent le mât.

GUARDAR el barlovento de un navío = Tenir le vent *ou* le lof d'un vaisseau.

GUARDATIMONES = Sabords de retraite de la Sainte-Barbe.

GUARDIA = Quart *ou* Garde, Bordée.

Guardia de babor. = La bordée de bâbord, Les bâbordais.

Guardia de estribor = La bordée de tribord, Les tribordais.

Primera guardia = Le quart de huit à minuit.

Segunda guardia = Le quart de minuit à quatre.

Tercera guardia = Le quart de quatre à huit heures du matin.

Quarta guardia = Le quart de huit à midi.

Quinta guardia = Le quart de midi à quatre.

Media guardia de las quatro á las seis de la noche = Le quart de quatre à six heures du soir.

Media guardia de las seis á las ocho de la noche = Le quart de six à huit heures du soir.

Hacer la guardia = Être de quart *ou* Faire le quart.

Estar de la guardia de babor = Être du quart de bábord.

Estar de la guardia de estribor = Être du quart de tribord.

O de la guardia ! = Au quart !

Buena guardia ! = Bon quart !

Llamar á la guardia = Appeler au quart.

Estribor á la guardia ! = Tribord au quart !

Rendir la guardia = Relever le quart.

Oficial de guardia = Officier de quart, Officier de garde.

Lista de guardia = Rôle de quart.

Navío de guardia = Vaisseau de garde.

GUARDIA MARINA = Garde-marine.

GUARDIAN, bodeguero = Gardien, Contre-maître de la cale.

Guardian del contramaestro *ó* segundo contramaestro = Bosseman.

GUARDINES del timon = Rabans de barre de gouvernail, Drosses du gouvernail.

Guardines de las portas = Rabans des sabords.

GUARDINFANTES (*voyez* guardainfantes).

GUARNECER *ó* vestir = Garnir.

Guarnecer *ó* vestir un palo = Garnir un mât.

Guarnecer *ó* vestir una verga = Garnir une vergue.

Guarnecer *ó* vestir el cabrestante = Garnir le cabestan.

Guarnecer el virador de cubierta al cabrestante = Garnir la tournevire au cabestan.

GUARNICION de bomba = Heuse de pompe, Garniture de pompe.

Guarnicion de la boya = Garniture de la bouée, Trélingage de la bouée.

GUBIA = Gouge, *outil.*

GUIA de un aparejo = Gui, *en général.*

Guia de la candaliza = Draille *ou* Gui du palan d'étai, Gui du bredindin.

Guia ó cabo que llama á proa = Cordage qui appelle sur l'avant.

Guia ó corredera, el cabo que está puesto en los cosederos á la lumbre de agua = Ceinture de combat, le filin placé sur les côtés à fleur d'eau.

Guias del bauprés, columnas, astas de proa para los escobenes = Apôtres, les deux apôtres.

GUIMBALETE, bringabala, el embolo de la bomba = Brimbale *ou* Bringuebale de pompe.

GUINDA = Guindage.

Guinda de un mastelero = Guindage d'un mât de hune.

GUINDALEZA = Aussière *ou* Cordage une fois commis.

Guindaleza fuerte = Forte aussière.

GUINDAR un mastelero = Guinder un mât de hune.

Guindar un mastelero de gavia = Guinder un grand mât de hune.

Guindar un mastelero de juanete = Guinder un mât de perroquet.

Guindar un mastelero de juanete de proa = Guinder un petit mât de perroquet.

GUINDAREZA (*voyez* GUINDALEZA).

GUINDASTES = Potences *ou* Montans sur un pont.

Guindastes de la campana = Potences de cloche, Montans de cloche.

Guindastes ó avitones al pie de un palo = Seps de drisse, Montans de bittes d'écoutes.

GUINDOLA = Bouée de sauvetage.

GUINDOLA = Triangle *ou* Echafaud triangulaire *pour travailler à bord le long des mâts.*

TABLAS DE GUINDOLA = Planches pour faire un échafaud en triangle.

GUIÑADA = Embardée, Lan *ou* Élan que fait un bâtiment.

EL NAVÍO HACE GUIÑADAS POR BABOR = Le vaisseau donne des embardées à bâbord.

GUIÑAR *ó* HACER GUIÑADAS = Embarder, Lancer d'un bord sur l'autre.

GUION DE UN REMO = Taubour, Bras, Genou *ou* Manche d'un aviron.

GUIRNALDA *ó* ROÑADA = Bourrelet fait sur un mât *ou* sur une vergue.

GUIRNALDA DE UNA LANCHA, DE UN BOTE = Ceintre *ou* Ceinture d'une chaloupe *ou* d'un canot.

HAC

HABITACORA (*voyez* BITÁCORA).

HABLAR *ó* LLAMAR UN BARCO CON LA BOCINA = Héler un bâtiment.

HACER AGUA = Faire de l'eau, Avoir une voie d'eau.

NAVÍO QUE HACE AGUA = Vaisseau qui fait eau, qui a plusieurs voies d'eau.

NAVÍO QUE NO HACE AGUA = Vaisseau qui ne fait pas d'eau.

HACER AGUADA = Faire de l'eau, *pour provision,* Faire aiguade.

HACER ARRIBADA = Faire courir.

Hacer bandera = Faire pavillon, Déployer le pavillon.

Hacer una bordada = Faire une bordée, un bord.

Hacer bordadas cortas = Courir à petites bordées.

Hacer cabeza = Faire tête.

Hacer con el cable ó por el cable = Faire tête avec le cable, Venir à l'appel de son cable.

Hacer con el cabo ó venir en demanda del cabo = Venir à l'appel d'une manœuvre.

Hacer costura, ayustar, hacer el ayuste de los cables = Épisser —Épisser les cables.

Hacer el comercio costanero = Faire le cabotage.

Hacer cruz y boton = Faire un amarrage en étrive.

Hacer derrota á tal rumbo = Faire route à tel air de vent, Porter à tel air de vent.

Hacer la derrota ó el rumbo del norte = Porter au Nord, Faire route au Nord.

Hacer el enjunque = Faire l'arrimage.

Hacer entrañadura ó embutir = Faire un congréage, Congréer *ou* Peigner un cordage.

Hacer escala = Toucher, Relâcher pour affaire, Faire escale.

Hacer escarpes, empalmar = Écarver, *réunir les extrémités de deux pièces de bois.*

Hacer toda fuerza de vela = Mettre toutes voiles dehors, Faire force de voiles.

Hacer garrupo, ayustar dos cabos = Ajuster ensemble deux cordages.

Hacer la guardia = Faire le quart.

Hacer guiñadas, guiñar = Embarder, Donner des embardées, Lancer d'un bord sur l'autre.

Hacer leva de gente de mar, prensar = Faire une levée de marins, Presser.

Hacer á la marea, aproar á la marea = Éviter à la marée.

Hacer peinado = Peigner un toron pour faire une queue de rat.

Hacer de pirata = Faire le pirate, Écumer la mer.

Hacer la puntería ó apuntar un cañon = Pointer un canon.

Hacer rueca á un palo, amadrinar un palo = Jumeler un mât cassé.

Hacer quarentena = Faire quarantaine.

Hacer una salva = Faire une salve d'artillerie.

Hacer una señal = Faire un signal.

Hacer con el timon, obedecer al timon = Gouverner, bien sentir sa barre.

El barco hace muy bien con el timon = Le bâtiment gouverne très-bien, sent très-bien sa barre.

Hacer al viento, aproar al viento = Éviter au vent, Présenter le bout au vent.

Hacer los víveres = Faire les vivres.

Hacerse á la vela = Mettre à la voile, Appareiller.

HACHA = Hache.

Hacha grande = Grande hache, Coignée.

Hacha pequeña = Petite hache *ou* Hache à main.

HACHADA = Herminette courbe.

HACHUELA = Hache d'armes.

HALAR, cargar = Haler.

Hala la lancha á bordo! = Hale la chaloupe à bord!

Halar, sallar bolinas = Bouliner, Haler les boulines.

Hala bolina de la mayor! = Hale la grande bouline!

HALA BOLICHE DEL VELACHO ! = Hale la bouline du petit hunier !

HALA BOLICHE DEL PERIQUITO ! = Hale la bouline de perruche !

HALAR UN BARCO = Haler un bâtiment.

HALAR Á LA LEVA LEVA , HALAR MANO ENTRE MANO = Haler main sur main.

HALAR POR LA SIRGA , SIRGAR = Haler à la corde.

HALAR UNA XARCIA = Haler un cordage.

HALAR POR LOS REMOS = Forcer de rames.

HAMACA = Hamac à l'anglaise.

ECHAR LAS HAMACAS ó COYES EN LAS REDES DE LOS PASAMANOS = Mettre les hamacs dans les filets de bastingage des passe-avants.

HARPON , ANZUELO , FISGA = Émerillon pour pêcher, Harpon de pêche , Foëne.

HARPONERO — Harponneur.

HECHAR (*voyez* ECHAR).

HEMBRAS DEL TIMON = Femelots de gouvernail, Roses de gouvernail.

HEMBRAS Y MACHOS DE BOLINA = Branches de bouline.

HERRAGE = Ferrure.

HERRAGE DE CABRESTANTE = Ferrure de cabestan.

HERRAGE DE CUREÑA = Ferrure d'affût.

HERRAGE DE UN NAVIO = Ferrures d'un vaisseau.

HIDROGRAFIA = Hydrographie.

CARTAS HIDROGRÁFICAS = Cartes hydrographiques.

HIELO = Glace.

BANCO DE HIELO = Banc de glace.

EL HIELO DEL RIO SE ROMPE = La rivière a débâclé.

HIERRO = Fer.

HIERRO EN PLANCHA *ó* TIRADERA PLANCHUELA = Fer plat.

HIERRO QUADRADO = Fer carré.

HIERRO REDONDO = Fer rond.

HIERRO DE BICHERO = Fer de gaffe.

HIERRO DEL FAROL = Aiguille de fanal.

HIERRO DE GRIMPOLON = Fer de girouette.

HIERRO DE METER ESTOPA, HIERRO DE CALAFATE = Fer à calfat *ou* de calfat.

HIERRO DE SENTAR = Fer de calfat double *ou* cannelé.

HIERRO QUE USAN LOS CARPINTEROS PARA ABRIR LAS CABEZAS DE LAS CABILLAS = Épitoir.

HILADA = File *ou* Virure de bordages (*voyez* HILERA).

HILADAS, MEDIAS HILADAS DE LOS CASTILLOS = Rabattues des gaillards et de la dunette.

HILADOR = Fileur.

HILAR CÁÑAMO = Filer du chanvre.

HILAR LA ESTOPA = Filer l'étoupe.

HILERA = Enfilade.

HILERA DE TABLAS = Virure de bordages.

HILERO DE CORRIENTE = Ras de marée, Lit de courant.

HILO = Fil.

HILO BLANCO = Fil blanc.

HILO DE CARTUCHOS = Fil à gargousses.

HILO DE VELA = Fil à voile.

HILO DE VELA ALQUITRANADO = Fil à voile goudronné.

HISTORIA DE UN BUQUE = Devis.

HOMBRES DE MAR = Hommes de mer.

HOMBRES DE MAR, MARINEROS HECHOS *ó* ACOSTUMBRADOS AL MAR = Gens amarinés.

Hombres de leva = Hommes de levée.

HORIZONTE = Horizon.

Depresion del horizonte = Abaissement *ou* Dépression de l'horizon.

HORNO = Four.

HORQUETA de un pedrero = Chandelier de pierrier.

HORQUILLA = Fourcat.

Horquillas, piques capuchinos = Fourcats, *pièces de bois fourchues à l'extrémité de la quille, vers l'arrière et vers l'avant.*

Horquillas = Fourches pour caréner.

HOSPITAL, navío hospital = Vaisseau hôpital.

HUECO = Forain, *vide entre des barriques arrimées.*

HUIR = Prendre chasse *ou* Fuir.

Huir de las mares, correr = Fuir la lame à cause du mauvais temps.

HURACAN ó uracan, turbonada = Ouragan, Tourmente, Tempête.

INC

IGUALAR = Affleurer, Ajuster *ou* Joindre parfaitement.

IMAN, piedra de iman = Aimant, Pierre d'aimant.

IMPERIAL de cocina = Impériale de cuisine.

Imperial del horno = Impériale du four.

Imperial de toldo para bote = Impériale de tendelet.

INCLINAR un palo = Incliner un mât.

INCOMODIDAD = Incommodité, Détresse.

Hacer una señal de incomodidad = Faire signal d'incommodité.

INSIGNIA de una capitana = Pavillon de distinction du vaisseau commandant.

INSTRUCCIONES náuticas = Instructions nautiques.

INSTRUMENTOS náuticos = Instrumens nautiques.

INTENDENCIA de marina = Intendance de marine.

INTENDENTE de marina = Intendant *ou* Ordonnateur de marine.

INTERVENTOR = Contrôleur.

INTRODUCIR mercancías = Importer des marchandises.

INVALIDOS de marina = Invalides de la marine.

INVENTARIO de un barco = Inventaire d'un bâtiment.

INVERSO, orden inverso = Ordre renversé.

INVESTIR un navío, ir al abordage = Aborder un vaisseau ennemi, Aller à l'abordage.

INVIERNO = Hivernage.

Pasar el invierno = Hiverner.

IR al abordage, abordar al enemigo = Aller à l'abordage, Sauter à l'abordage.

Ir de bolina = Aller à la bouline, Courir au plus près.

Ir á bolina apuntada = Aller à pointe de bouline.

Ir á bordo = Aller à bord.

Ir de conserva = Aller de conserve, de compagnie.

Ir en corso = Aller en course.

Ir á la descubierta = Aller à la découverte.

Ir á lastre = Aller en lest *ou* sur son lest.

Ir al remo = Aller à l'aviron.

Ir á palo seco ó á la voluntad de los vientos = Aller en dérive, Aller au gré des vents et de la mer.

Ir ó correr á palo seco = Courir à mâts et à cordes *ou* Courir à sec.

Ir con todo el trapo largo, ir cargado de velas = Aller à pleine voile, Charrier de la toile.

Ir sobre el áncla = Courir sur son ancre.

Ir en viento = Courir près et plein.

Ir viento en popa = Courir vent arrière *ou* vent en poupe.

Ir de vuelta encontrada = Courir à bord opposé — Courir à bord contre.

Ir de arribada, arribar, tomar puerto, dar en el puerto = Toucher, Relâcher par mauvais temps.

Ir atras = Culer.

Bracea para ir atras! = Brasse à culer!

Ir en buena vela = Laisser porter.

Ir ó navegar contra el curso de la marea = Refouler la marée.

Ir costeando ó atracado á la tierra = Ranger la côte *ou* Ranger la terre.

Ir con destino á tal parte ó llevar destino para tal parte = Être destiné pour tel endroit.

Ir rio arriba, subir un rio = Remonter une rivière.

Ir tocando, ir flameando = Tenir en ralingue.

Ir á tomar surgidero, tomar puerto = Gagner le mouillage.

Ir al viento = Loffer, Venir au vent.

Irse á bordo = Se rendre à bord.

Irse á la mar por falta de amarras = Dérader.

Irse á pique = Couler bas, Couler à fond, Périr.

IRSE Á LA RONZA, CAER Á SOTAVENTO, SOTAVENTARSE = Tomber sous le vent, Dériver.

ISLA = Ile.

ISLAS DE BARLOVENTO = Iles du vent.

ISLAS DE SOTAVENTO = Iles sous le vent.

ISLOTE = Ilot.

ISMO = Isthme.

IZAR = Hisser — Peser sur une manœuvre.

IZAR MANO SOBRE MANO = Hisser main sur main.

IZAR EL ÁNCLA Á LA SERVIOLA = Hisser l'ancre en haut, Caponner l'ancre.

IZAR LA BANDERA = Hisser le pavillon.

IZAR VELAS = Hisser les voiles.

IZAR VERGAS = Hisser les vergues.

IZAR ALGO CON UNA ESTRELLERA = Palanquer.

JUA

JACIO DE MAR, CALMA MUERTA = Calme tout plat.

JANGADA, ZATA = Dromé *ou* Radeau *pour se sauver après un naufrage.*

JARDINES = Bouteilles.

JARDINES FINGIDOS = Fausses-bouteilles, Fausses-galeries.

JARETA = Trélingage.

PERNADAS PARA LA JARETA DEL PIE DE LAS ARRAY-GADAS = Quenouillettes de trélingage.

JARETA DE LOS OBENQUES = Trélingage des haubans.

JUANETES = Perroquets.

MASTELERO DE JUANETE MAYOR = Mât de grand perroquet.

MASTELERO DE JUANETE DE PROA *ó* DE VELACHO = Mât de petit perroquet.

MASTELERO

Mastelero de juanete de sobremesana = Mât de perruche.

Verga de juanete mayor = Vergue de grand perroquet.

Verga de juanete de proa = Vergue de petit perroquet.

Verga de juanete de sobremesana = Vergue de la perruche.

Verga de sobrejuanete mayor = Vergue de grand perroquet volant.

Verga de sobrejuanete de proa = Vergue de petit perroquet volant.

Vela de juanete mayor = Voile de grand perroquet *ou* Grand perroquet.

Vela de juanete de proa = Voile de petit perroquet *ou* Petit perroquet.

Vela de juanete de sobremesana *ó* de periquito = Voile de perruche.

Vela de sobrejuanete mayor = Voile de grand perroquet volant *ou* Grand catacoi.

Vela de sobrejuanete de proa = Voile de petit perroquet volant *ou* Petit catacoi.

JUEGO, tomar juego = Prendre du jeu.

Juego de velas = Jeu de voiles.

El juego que tiene la bala = Évent du boulet.

El juego que tienen los palos = L'évent des étambrais pour le jeu des mâts.

JUNCO chinesco = Jonque chinoise.

JUNTA = Écart simple, Écart en about, Écart quarré.

Junta de tablas = Écart, Ajust de deux bordages.

CRUZAR LAS JUNTAS = Doubler les écarts *ou* Écarver.

JUNTAS DE LA QUILLA = Écarts de la quille.

JUNTAR CON ESCARPE Ó EMPALMAR = Endenter deux têtes de bordage ou deux têtes de pièces de membrure.

KOF

KETCH, BARCO INGLÉS = Ketch, *sorte de bâtiment anglais.*

KOFF, BARCO HOLANDÉS QUE LLEVA DOS PALOS = Koff, *sorte de bâtiment de charge de Hollande.*

LAN

LAGUNA = Lagon, Lagune.

LAMA = Vase.

LAMA BLANDA = Vase molle.

LAMA DURA = Vase dure.

LAMPACEAR = Fauberter.

LAMPAZO = Faubert, *balai de vaisseau.*

LAMPAZO PARA REFRESCAR LOS CAÑONES = Faubert à rafraîchir les canons.

LANA Ó PELO DE VACA Y PAPEL DEL FORRO Ó EMBONO = Floc.

LANADA = Écouvillon.

LANCHA = Chaloupe d'un vaisseau de guerre.

LANCHA CAÑONERA = Chaloupe canonnière.

LANCHON, BATEA, PONTON, GABARRA, BARCA = Chalan, Gabarre.

LANILLA = Étamine à pavillon.

LANZAMIENTO = Élancement — Quête.

LANZAMIENTO DEL CODASTE = Quête de l'étambot.

LANZAMIENTO DE LA RODA = Élancement de l'étrave.

LANTON, PONER LANTON, PONER UNA LANTIA = Faire marguerite.

LARGAR = Larguer, Consentir — Laisser, Abandonner.

EL ÁNCLA LARGA = L'ancre laisse le fond.

LARGA LA AMURA Y LA ESCOTA ! = Largue le lof !

LARGA EN BANDA ! = Largue en bande !

LARGA ¡TODO! = Cale tout !

LARGAR UNA AMARRA = Larguer une amarre.

LARGAR AMURA SOBREBOLINA = Larguer les lofs — Lever les lofs.

LARGAR EN BANDA = Larguer en bande.

LARGAR LA BOLINA DE GOLPE = Filer la bouline.

LARGAR LAS BOLINAS = Larguer les boulines.

LARGAR UNA BOZA = Larguer une bosse.

LARGAR EL CABLE = Larguer un cable.

LARGAR EL CABLE POR MANO = Filer le cable par le bout.

LARGAR LAS DRIZAS = Larguer les drisses.

LARGAR LA ESCOTA POR LA MANO = Filer toute l'écoute.

LARGAR LAS ESCOTAS = Larguer les écoutes.

LARGAR UN REMOLQUE = Larguer une remorque.

LARGAR LOS RIZOS = Larguer les ris.

LARGAR LAS VELAS = Larguer les voiles — Déferler les voiles — Deployer les voiles.

LARGARSE = Prendre le large.

LARGO, AL LARGO, AFUERA = Au large, vers le large, vers la mer.

EL LARGO = Le large.

NAVEGAR Á LO LARGO = Courir au large.

NAVEGAR CON VIENTO LARGO = Courir largue.

VIENTO LARGO, VIENTO ABIERTO = Vent largue.

EL LARGO ó EL CUMPLE DE UN CABLE = Longueur d'un cable, Encablure.

LARGURA DE LA QUILLA = Longueur de la quille.

LASCAR UN CABO = Mollir un cordage.

LASCAR AL CABRESTANTE = Choquer au cabestan.

LASCAR EL VIRADOR DE CUBIERTA = Choquer la tournevire.

LASCONES, DAR LASCONES = Riper.

LASTE, PESO DE DOS TONELADAS = Laste, *poids de deux tonneaux.*

LASTRE = Lest.

BUEN LASTRE = Bon lest.

LASTRE DE ARENA, MAL LASTRE = Mauvais lest.

LASTRE CRUESO = Gros lest.

LASTRE PEQUEÑO = Petit lest.

LASTRE VIEJO = Vieux lest.

LASTRE DE HIERRO = Leste en fer.

LASTRE DE PIEDRA — Lest en pierre.

LASTRE LIMPIO = Lest lavé.

EL LASTRE SE CORRE = Le lest roule.

SEPARAR EL LASTRE CON MÁMPAROS = Séparer le lest par les cloisons *ou* retranchemens.

TOMAR EL LASTRE = Prendre son lest.

ESTAR EN LASTRE = Lege, Être sur le lest.

IR Á LASTRE = Aller en lest *ou* sur son lest.

BARCO EN LASTRE = Bâtiment sur son lest.

LATA ó BARROTE = Latte entre les barrots.

LATAS DE LOS ENCERADOS = Lattes de bois clouées sur les sabords des prélarts qui recouvrent les panneaux des écoutilles.

LATINA, VELA LATINA = Voile latine.

LATITUD = Latitude.

    LATITUD DE ARRIBADA = Latitude d'arrivée.

    LATITUD DE SALIDA = Latitude de départ.

    LATITUD CORREGIDA = Latitude corrigée.

    LATITUD CRECIENTE = Latitude croissante.

    LATITUD ESTIMADA = Latitude estimée.

    LATITUD MEDIA = Latitude moyenne, Moyen parallèle.

    LATITUD OBSERVADA = Latitude observée.

    LATITUD NORTE ó SUD = Latitude Nord *ou* Sud.

    DIFERENCIA EN LATITUD ó LONGITUD = Différence en latitude *ou* longitude.

LAVAR EL CABLE, LIMPIAR EL CABLE = Laver *ou* Nétoyer le cable.

LAXA = Bas-fond.

LAZARETO = Lazaret.

LEGUA = Lieue.

LENGUA DE TIERRA = Langue de terre.

LEÑA DE ESTIVA = Bois d'arrimage.

LETRA DE MARCA = Commission, Lettre de marque.

LEVA DE GENTE DE MAR = Presse, Levée de gens de mer.

    HOMBRES DE LEVA = Hommes de levée.

    ANCLA DE LEVA = Ancre d'affourche.

    MAR DE LEVA = Mer grosse, Mer houleuse.

    TIRO DE LA PIEZA DE LEVA = Coup de canon de partance.

LEVANTAR LOS COYES = Relever les hamacs.

LEVANTE ó ESTE = Levant, Est.

    VIENTO LEVANTE = Vent d'Est.

LEVAR ó ZARPAR EL ÁNCLA = Lever l'ancre.

LEVAR ó ZARPAR EL ÁNCLA CON LA LANCHA = Lever l'ancre avec la chaloupe.

LICENCIA = Congé.

LICENCIA ABSOLUTA = Congé absolu.

LICENCIA TEMPORAL = Congé limité.

LIEBRE = Bigot pour racage.

LIEBRE POR LA ARAÑA DE LA MESANA = Moque d'araignée, Moque de trélingage.

LIENZO DE RUSIA = Toile de Russie.

LIGADURA, AMARRA = Amarrage.

LIGADURA CON CRUZ, LIGADURA CRUZADA = Amarrage bridé.

LIGAZON = Membrure, Alonge.

MADERA DE LIGAZON = Pièces de membrures *ou* Bois pour membrure.

LÍNEA DE LA LIGAZON Y DE LAS TABLAS = Proportions de la membrure et des bordages.

LIGAZONES DEL SOBREPLAN = Genoux et Alonges de porques.

LIMERA DEL TIMON = Étambrai *ou* Jaumière du gouvernail.

LIMPIA, COSTA LIMPIA = Côte saine.

LIMPIAR LOS CAÑONES CON LA LANADA = Écouvillonner.

LIMPIAR LAS PIEZAS CON PÓLVORA = Souffler les canons.

LIMPIAR CON ESCOBONES = Goreter, nétoyer avec des gorets.

LIMPIO, BARCO LIMPIO = Navire propre.

LINEA = Ligne.

LÍNEA DE COMBATE = Ligne de bataille *ou* de combat.

FORMAR LA LÍNEA = Former la ligne.

Cortar la línea = Couper la ligne.

Doblar la línea = Doubler la ligne.

Línea de bolina de babor = Ligne du plus près bâbord.

Línea de bolina de estribor = Ligne du plus près tribord.

Línea de frente = Ligne de front.

Línea de agua, lumbre de agua = Ligne d'eau — Ligne de flottaison.

Línea de agua cargada = Ligne d'eau en charge.

Línea de la ligazon y de las tablas = Proportions de la membrure et des bordages.

Línea loxódrómica = Ligne loxodromique.

Navío de línea = Vaisseau de ligne.

Trabajar á la línea = Mettre une pièce de bois d'équerrage, la mettre de proportion.

Grueso á la línea y á la grua = Équerrage d'une pièce de bois quelconque.

LINEAR una pieza de madera = Ligner une pièce de bois, *marquer les proportions qu'elle doit avoir.*

LINGOTE de hierro = Gueuse de fer, Saumon pour lest.

LINGUETE = Linguet — Élinguet.

LINTERNA secreta ó farol secreto = Fanal sourd.

LISTA de combate = Rôle de combat.

Lista de guardia = Rôle de quart.

Lista de la tripulacion = Rôle d'un bâtiment de guerre.

LISTO! = A la voix!

Listo á las escotas! cuidado con las escotas! = Veille aux écoutes!

Listo á los escotines! = Veille aux écoutes de hune!

LLAMAR = Super, Aspirer.

Llama la bomba = La pompe supe.

Guia ó cabo que llama á proa = Cordage qui appelle sur l'avant.

Llamar, hablar á un barco con la bocina = Héler un bâtiment.

Llamar á bordo = Appeler à bord.

Llamar á la guardia = Appeler au quart.

Llamar al órden = Appeler à l'ordre.

Llamar los cazadores = Rappeler les chasseurs.

Llamar la caña á barlovento = Pousser la barre au vent, Mettre la barre au vent.

Llamar la caña á sotavento = Pousser la barre dessous le vent.

LLAVE para cañon = Batterie, comme celle d'un fusil, pour mettre le feu au canon.

LLAVES, curvas llaves ó curvas de peralta (*voyez* curvas).

LLENAR de agua las cubas para embeberlas = Combuger des pièces.

Llenarse de agua = Sancir.

El barco se ha llenado de agua = Le bâtiment a sanci.

LLEVAR salida, andar bien = Bien marcher.

El barco lleva salida = Le bâtiment marche bien.

LONA = Toile à voile.

Lona vieja = Fourrure, vieille toile à voile.

Lona de vitre = Toile écrue.

LONDRO, pinque = Pinque.

LONGITUD = Longitude.

LONGITUD DE ARRIBADA = Longitude d'arrivée.

LONGITUD DE SALIDA = Longitude de départ.

DIFERENCIA DE LONGITUD Y LATITUD = Différence de longitude et latitude.

LOXÔDROMIA = Loxodromie.

LOXÔDROMICA, LÍNEA LOXÔDRÓMICA = Ligne loxodromique.

LUGAR DE ARRIBADA = Lieu d'arrivée.

LUGRE, BALANDRA = Lougre, *espèce de bâtiment.*

LUIDO = Éraillé, Ragué, Usé par le frottement.

LUMBRE, Á LA LUMBRE DEL AGUA = A fleur d'eau.

ARRECIFE Á LA LUMBRE DEL AGUA = Récifs, Brisans à fleur d'eau.

CAÑONAZO Á LA LUMBRE DEL AGUA = Coup de canon à fleur d'eau.

MAD

MACARRONES = Montans que l'on met sur un plat bord pour établir des fargues, Montans de la gorge de loup — Dames des fargues d'un canot.

MACETA = Maillet.

MACETA DE AFORRAR = Maillet à fourrer.

MACETA DE CALAFATE = Maillet de calfat.

MACHOS DEL TIMON = Aiguillots du gouvernail.

MACHOS Y HEMBRAS PARA EL TIMON = Ferrures de gouvernail.

MACHOS Y HEMBRAS DE BOLINA = Branches de bouline.

LOS MACHOS DEL ÁNCLA = Les tenons de l'ancre.

MACIZO = Massif, pièce de bois de remplissage.

MADEJA = Manoque.

Madeja de meollar = Manoque de bitord.

MADERA abrumada = Bois carié par les vers.

Madera de construccion = Bois de construction.

Madera de desbarato = Bois de demolition.

Madera desechada = Bois de rebut.

Madera que no flota = Bois fondrier.

Madera de fresno = Bois de frêne.

Madera de haya = Bois de hêtre.

Madera de ligazon = Pièces de membrure *ou* Bois pour membrure.

Madera de palo santo = Bois de gayac.

Madera de olmo = Bois d'ormeau.

Madera de pino = Bois de sapin.

Madera de respeto = Drome, mâts de hune et vergues de rechange.

Madera verde = Bois vif.

MADRE del cabrestante = Mèche de cabestan *ou* Fusée de cabestan.

Madre del timon = Mèche de gouvernail.

Madre de un palo, alma de un palo = Mèche d'un mât.

Madre de un rio = Lit d'une rivière.

MAESTRA del fondo = Lisse des façons.

Maestra de la manga = Lisse du fort.

Maestra de la regala = Lisse de plat-bord.

Maestras del alcázar y castillo de proa = Lisses d'accastillage.

Maestras entre la maestra de la manga y de fondo = Lisses intermédiaires.

MAESTRANZA = Maistrance, corps des maîtres.

La maestranza = Les gens de poste.

MAESTRE = Maître.

PRIMER CONTRAMAESTRE = Maître d'équipage.

MAESTRE DE ARBOLADURA = Maître mâteur.

MAESTRE DE CALAFATES = Maître calfat.

MAESTRE DE VÍVERES = Maître commis, Commis aux vivres — Commis du munitionnaire — Crousier.

MAESTRE ó CAPITAN DE UN BARCO MERCANTIL = Maître de vaisseau marchand, Patron, Capitaine.

MAESTRO CARPINTERO = Maître charpentier.

MAESTRO VELERO = Maître voilier.

MAESTRO DE VÍVERES (voyez MAESTRE).

MAESTRO DE BARRENA = Perceur.

MAIMOTONES = Montans des fronteaux des gaillards dans lesquels il y a des réas.

MAJUJO ó MAHUJO = Bec de corbin, espèce de fer à calfat.

MALLA, VUELTA DE BOLINA = Nœud de bouline.

MALLETES ó TRAVESAÑOS DE CARLINGA = Flasques de carlingue.

MAMPARO = Cloison.

MÁMPARO ENTAVICADO = Cloison maçonnée.

MÁMPARO DE JARETA = Cloison à jour.

MÁMPAROS DE LOS PAÑOLES = Cloisons des soutes.

MÁMPARO DEL ALCÁZAR = Fronteau du gaillard d'arrière.

MÁMPARO DE LA TOLDILLA = Fronteau de la dunette.

MÁMPARO AL PRINCIPIO DEL CASTILLO DE PROA = Fronteau avant du gaillard d'avant ou Fronteau d'avant.

MÁMPARO Á LA SUBIDA DEL CASTILLO DE PROA = Fronteau arrière du gaillard d'avant.

MÁMPARO ó BATALLOLA = Rambade.

MANGAR UN BARCO = Faire perdre ou Ôter la marche à un bâtiment.

EL BARCO ESTÁ MANCADO = Le bâtiment a perdu sa marche.

MANCHA, CANAL DE LA MANCHA = La Manche, canal entre la France et l'Angleterre.

MANDAR UN BARCO = Commander un bâtiment.
MANDAR UN BARCO PARA TAL PARTE = Expédier un bâtiment pour telle partie.
MANDAR LA MANIOBRA = Commander la manœuvre.
MANDAR CON EL PITO = Commander au sifflet.
MANDAR LA GUARDIA = Commander le quart.
MANDAR EL CHICOTE ABAXO = Envoyer le double d'une manœuvre en bas, Envoyer le bout en bas.
MANDAR AL TIMONEL = Commander au gouvernail *ou* au timon.

MANDARRIA = Masse de fer pour chasser les chevilles, Maillet de calfat.

MANGA DE UN BARCO, DE UN DIQUE = Largeur totale d'un bâtiment, d'un bassin.
MANGA DE VIENTO, BOMBA MARINA = Trombe de vent.

MANGANOS DE ARENA, DUNAS = Dunes, collines de sable au bord de la mer.

MANGUERA DE AGUA = Manche à eau.
MANGUERA DE BOMBA = Manche de pompe.
MANGUERA DE CUERO = Manche de cuir.
MANGUERA DE LONA = Manche de toile.
MANGUERA DE VENTILACION = Manche à vent.

MANGUEROTES = Petites manches en cuir *ou* en toile pour garnir les dalots en dehors, Mangères.

MANIGUETAS = Oreilles d'âne, *gros taquets d'amarrage* — Taquets à cornes *ou* à branches.

MANIGUETAS DE OBENQUES = Taquets de haubans.

MANIGUETONES, BARRAGANETES = Patins, *bouts des alonges de revers qui dépassent le plat bord.*

MANILLA DE UN ESTAY = Gance *ou* Œil d'un étai.

MANIOBRA = Manœuvre particulière d'un bâtiment.

MANIOBRAR = Manœuvrer, Évoluer, *en parlant d'un bâtiment.*

MANO ENTRE MANO! = Main avant! Main sur main!

MANTENERSE CON UN BARCO = Conserver un bâtiment à vue — Étaler un vaisseau, aller aussi vite que lui.

    MANTENERSE BIEN Á LA MAR, *hablando de un barco* = Se bien comporter à la mer, *en parlant d'un bâtiment.*

MAQUINA PARA PROFUNDAR UN PUERTO = Machine à creuser *ou* à curer un port.

MAR = Mer.

    MAR DE LAS INDIAS = Mer des Indes.

    MAR MEDITERRÁNEA = Mer Méditerranée.

    MAR DEL NORTE = Mer du Nord.

    ALTA MAR = Mer haute, Pleine mer.

    ESTAR EN ALTA MAR = Être en pleine mer.

    MAR BAXA = Mer basse.

    MAR CABRILLEADA = Mer qui moutonne.

    MAR CALMA = Mer calme.

    MAR ENCONTRADA *ó* ENCRISPADA = Mer courte, Mer clapoteuse.

    MAR DE FONDO *ó* MAR DE PIE = Lame sourde, Houle creuse, Lame de fond.

    MAR GRUESA, MAR DE LEVA = Grosse mer — Mer grosse, Mer houleuse.

    MAR LARGA = Lame longue.

MAR LLANA, MAR NAVEGABLE = Belle mer — Mer navigable.

MAR MENUDA, MAR CORTA = Lame courte.

LA MAR SE VA CALMANDO = La mer tombe.

LA MAR ESPUMA = La mer blanchit, la mer moutonne.

LA MAR LLEVA Á TAL RUMBO DE VIENTO = La mer porte à tel air de vent.

LA MAR LLEVA AL SUD = La mer porte au Sud.

LA MAR MONTA Ó REPUNTA = Il y a flot — La mer monte.

LA MAR ESTÁ PARADA = La mer est étale.

LA MAR SE VA PONIENDO MALA = La mer grossit.

ROMPE LA MAR = La mer déferle.

LA MAR VACIA Ó VACIA LA MAR = La mer perd — La mer descend.

LAS OLAS DE LA MAR = Les vagues de la mer.

LAS MARES ENTRAN EN LOS ESCOBENES = Les coups de mer entrent par les écubiers.

CAER Á LA MAR = Tomber à la mer.

ECHAR Á LA MAR = Jeter à la mer.

ESTAR EN ANCHA MAR, ESTAR MUY FORANO = Avoir belle dérive, avoir de l'eau à courir.

HOMBRE DE MAR = Homme de mer.

OFICIAL DE MAR = Officier de mer.

MARCA, MARCACION = Reconnoissance, marque à terre — Amers, objets qui servent de remarque, Reconnoissance à terre.

MARCA SOBRE UNA PEÑA = Roche marquée par une balise.

MARCAR, SONDAR = Relever, Sonder.

MARCAR CON LA AGUJA = Faire un relèvement — Relever au compas.

MARCAR LA COSTA = Relever les terres.

MARCAR ó TENER DOS MARCACIONES ENFILADAS = Relever deux objets l'un par l'autre.

MAREA = Marée.

MAREA Y CONTRAMAREA = Marée et Contre-marée.

MAREA ALTA = Marée haute.

MAREA BAXA = Marée basse.

MAREA VIVA, MAREA GRANDE, AGUAGE = Grande marée, Maline, Reverdie.

MAREA CONTRARIA = Marée contraire.

MAREA CONTRARIA AL VIENTO = Marée contraire au vent.

MAREA EN LA DIRECCION DEL VIENTO = Marée qui porte sous le vent.

PUNTA DE MAREA = Montant de la marée.

MEDIA MAREA = Demi-flot.

FIN DE LA MAREA = Fin du flot ou flux.

LA MAREA NO HACE MAS = La marée est à sa fin.

LA MAREA VACIA = La marée descend.

MAREAR, AGUJA DE MAREAR = Compas de route.

MAREAR UNA VELA, ORIENTAR UNA VELA = Faire servir ou Eventer une voile, Etablir une voile, Mettre le vent dans une voile.

MAREARSE = Avoir le mal de mer.

MAREJADA ó MAR SORDA = Houle.

MAREO = Mal de mer.

MARGARITA, MANUELA, CÁTABRE = Nœud de jambe de chien.

TOMAR MARGARITA = Prendre ou Faire tour mort sur le cable avec la tournevire.

MARICANGAYA ó MARICANGALLA, ALA DE MESANA = Paille-en-cul.

MARINA = Marine.

Marina real = Marine royale.

Oficial de marina = Officier de marine.

MARINERO = Matelot.

Marinero hecho al mar = Loup de mer.

MARINO = Marin, *en parlant d'un officier.*

MARSELLES = Caban.

Marselles de caparusa = Caban à capuchon.

MARTILLO = Marteau.

Martillo de presa = Marteau à dents.

MARTINETE, drado *ó* drago = Blin pour enfoncer des chevilles.

MASCADA de tabaco = Chique de tabac.

MASCAR tabaco = Chiquer.

MASSILLA = Mastic.

MASTELERO = Mât de hune *ou* de perroquet.-

Mastelero de gavia, mastelero mayor = Grand mât de hune.

Mastelero de velacho *ó* de proa = Petit mât de hune.

Mastelero de respeto = Mât de hune de rechange.

Mastelero de juanete mayor *ó* de juanete grande = Grand mât de perroquet.

Mastelero de juanete de proa *ó* de velacho = Petit mât de perroquet.

Mastelero de sobremesana = Mât de perroquet de fougue.

Mastelero de juanete de sobremesana = Mât de perruche.

Mastelero *ó* palo rendido = Mât éclié *ou* fendu.

MATRICULA = Classe.

MATRICULAR = Classer des hommes de mer.

MAUJO

MAUJO (*voyez* MAHUJO).

MAYOR, PLANA MAYOR = Etat major d'un bâtiment de guerre.

  PALOS MAYORES = Mâts majeurs.

  VELAS MAYORES = Voiles majeures.

MAYORDOMO = Maître-valet du Capitaine.

MAYORIA DE LA ESQUADRA = Majorité de l'escadre, Bureau major.

MAZA DE LA RUEDA *ó* CILINDRO DE LA RUEDA DEL TIMON = Marbre du gouvernail.

MAZAMORRA = Machemoure.

MECHA DE UN PALO = Pied d'un mât, *la partie qui est engagée dans l'emplanture* (*voyez* MADRE).

  GUARNICION DE LA MECHA DE UN PALO = Cornet de mât.

MECHERO, BOTAFUEGO = Boute-feu.

MEDIA MAREA = Demi-flot.

  MEDIA VUELTA, CRUZ = Demi-tour.

MEDIO COTE = Demi-clef.

  MEDIO PUNTO DE LA SANTA BÁRBARA *ó* DESCANSO DE LA CAÑA DEL TIMON = Croissant *ou* Tamisaille.

MENGANOS (*voyez* MANGANOS).

MEOLLAR = Bitord.

  MEOLLAR DE N HILOS = Bitord de N fils.

  OVILLO DE MEOLLAR = Pelotte de bitord.

MERCANTIL, BARCO MERCANTIL = Navire marchand.

MESA DE LA PLANA MAYOR = Gamelle de l'État-major d'un bâtiment de guerre.

  MESAS DE MANIOBRA *ó* MANIGUETAS DE LOS PALOS = Taquets de mâts.

  MESAS DE MANIOBRA CON SUS CABILLAS = Rateliers à chevillots.

Mesas de guarnicion = Porte-haubans.

Las mesas de guarnicion de palo mayor = Les porte-haubans de grand mât *ou* Grands porte-haubans.

Las mesas de guarnicion del trinquete = Les porte-haubans de misaine.

Las mesas de guarnicion de mesana = Les porte-haubans d'artimon.

Las mesetas de guarnicion = Les petits porte-haubans détachés pour galhaubans de perroquet.

Guardacadena de las mesas de guarnicion = Lisse de porte-haubans.

MESANA, palo de mesana = Mât d'artimon.

Cofa de mesana = La hune d'artimon.

Mesana á cangreja y botabarra larga = Artimon à gui.

Mesana á la capuchina = Artimon en trapèze, Demi-artimon.

Vela de mesana = Voile d'artimon.

Mesana entera = Artimon triangulaire.

Candalizas ó cargaderas de la mesana = Cargues d'artimon.

Cambiar la mesana = Changer l'artimon.

Verga de mesana = Vergue d'artimon.

METACENTRO = Métacentre.

METER ó Poner los cañones en batería = Mettre la batterie aux sabords (*voyez* poner).

Meter las cintas segun el arrufo de las cubiertas = Géner les préceintes pour leur donner la tonture des ponts.

Meter adentro las embarcaciones = Embarquer les canots et chaloupes.

Meter las flechastes = Mettre les enfléchures.

METER UN NAVÍO EN UN DIQUE = Mettre un vaisseau dans un bassin.

METER UN NAVÍO AL SOCAIRE = Abriter un vaisseau.

METER UN PERNO = Frapper une cheville, l'enfoncer.

METER EL TIMON, CALAR EL TIMON = Monter le gouvernail.

METRALLA = Mitraille.

CARGA DE METRALLA = Charge à mitraille.

MICROMETRO = Vis de rappel de l'octant.

MIRA DE PROA = Canon de chasse.

MOCO DEL BAUPRÉS = Martingale du beaupré.

MODELO = Modèle.

MOGEL, RABIZA = Queue de rat, Fouet, Aiguillette en queue de rat.

MOGELES = Garcettes de tournevire.

MOLDURA DE UN BOTE = Carreau d'un canot.

MOLDURA DEL BROCAL DE UN CAÑON = Ceinture de la bouche d'un canon.

MOLDURA DE LA CULATA DE UN CAÑON = Le cul-de-lampe d'un canon.

MOLDURA ENTRE LAS CURVAS = Frise des jottereaux.

MOLINETE = Virevaut—Guindeau—Tourniquet, Virolet; *en général tout rouleau que l'on place à bord.*

OCHAVAS DEL MOLINETE = Flasques du virevaut.

MONTANTE Y CORONAMIENTO DE POPA DE UNA FRAGATA MERCANTIL = L'arc supérieur de la poupe d'une frégate marchande *ou* le couronnement et les montans.

MONTAR LOS CAÑONES, LAS PIEZAS = Monter les canons.

Navío que monta *N* cañones = Vaisseau monté de *N* canons.

Montar ó rebalsar un cabo, una punta = Parer un cap *ou* une pointe — Arrondir un cap.

Montar una piedra = Franchir une roche.

MORDIDA, la veta está mordida = Le garant est engagé.

MORDIDO, cabo mordido en un moton = Cordage engagé dans une poulie.

MORRON, bandera en morron = Pavillon en berne.

MORTAJA, caxera = Mortaise, Clan.

La mortaja de un moton = La mortaise d'une poulie.

Las mortajas del molinete ó del cabrestante = Les mortaises du vindas *ou* du cabestan.

MORTERO = Mortier.

Mortero para aguja = Boîte *ou* Caisse de compas d'habitacle.

Mortero de bomba, rodilla de bomba = Chopine de pompe.

MOSTACHOS, vientos del bauprés ó pataraes del bauprés = Les haubans de beaupré.

Mostachos de la cebadera = Moustaches de la vergue de civadière.

MOTON = Poulie (*voyez aussi* QUADERNAL).

Moton chato ó moton llano = Poulie plate.

Moton de gancho = Poulie simple à croc.

Moton de rabiza = Poulie simple à fouet.

Moton corriente = Poulie courante.

Moton de los amantillos = Poulie de balancines.

Moton de los apagapenoles = Poulie de cargue-boulines.

Moton de los brioles = Poulie de sous-vergue.

Moton por las drizas de las rastreras y alas = Poulie frappée aux bouts des vergues basses pour les drisses des bonnettes.

Moton de las drizas de gavias = Poulie des drisses des huniers.

Moton real = Poulie de drisse de basses vergues.

Moton de las escotas de gavia y de los amantillos grandes = Poulie à talon *ou* de bout de vergue.

Moton de los palanquines y chafaldetes = Poulie de cargue-points.

Moton de quixada *ó* moton capuchino = Poulie à cul *ou* de bacul pour écoute de hune.

Moton de torno = Poulie à tourniquet.

Moton de retorno = Poulie de retour.

Moton de virador = Poulie de guinderesse.

Moton engargantado = Poulie estropée.

Moton desengargantado = Poulie destropée.

Moton para urdir = Croc à poulie.

Moton *ó* aparejo de rabiza = Palan à fouet.

MOTONERIA *ó* tornería = Atelier de poulierie.

MOTONERO = Poulieur.

MOVEDIZA, arena movediza = Sable mouvant.

MOVIMIENTOS de una armada = Mouvemens d'une armée.

MOZO *ó* peon = Aide d'un ouvrier dans l'arsenal.

MUCHACHO = Mousse de chambre.

MUDAR un navío de fondo = Changer un vaisseau de place.

MUELLE = Môle — Quai — Cale pour débarquer — Débarcadaire.

Derecho de muelle $=$ Droit de quai.

MUERTAS, obras muertas, astillas muertas $=$ Œuvres mortes.

Xarcias muertas $=$ Manœuvres dormantes.

MUERTO, cuerpo muerto $=$ Corps mort.

MULETA $=$ Molette.

MUNICIONES de guerra $=$ Munitions de guerre.
Municiones navales $=$ Munitions navales.

MURA de la mayor $=$ Le lof de la grande voile *ou* Le grand lof.

Larga mura de la mayor! $=$ Lève *ou* Largue le grand lof!

Mura de trinquete $=$ Lof de misaine.

Mura del foque mayor $=$ Lof du grand foc.

Mura de proa $=$ Épaule, Joue d'un bâtiment.

MURADA $=$ Muraille d'un bâtiment, en dedans.

NAV

NAUFRAGAR $=$ Naufrager, Faire naufrage.

NAUFRAGIO $=$ Naufrage.

NAUFRAGO, barco náufrago $=$ Bâtiment naufragé.

NAUTICA, astronomía náutica $=$ Astronomie nautique.

Instrucciones náuticas $-$ Instructions nautiques.

NAUTICO, almanak náutico $=$ Almanach nautique.
Instrumentos náuticos $=$ Instrumens nautiques.

NAVAL, combate naval $=$ Combat naval.

NAVE $=$ Navire.

NAVEGABLE, mar navegable $=$ Mer navigable.

Mar que no es navegable = Mer qui n'est pas navigable.

NAVEGACION = Navigation.

Navegacion de altura = Navigation hauturière.

Navegacion de la costa ó costanera = Navigation de la côte, Cabotage.

NAVEGANTE, navegador = Navigateur.

NAVEGAR , correr = Naviguer — Courir.

Navegar ó cinglar la amura á estribor = Courir tribord amure.

Navegar contra la corriente = Refouler le courant.

Navegar contra el curso de la marea = Refouler la marée.

Navegar á un desquartelar = Courir grand largue.

Navegar en lastre = Naviguer sur son lest.

Navegar á palo seco = Courir à sec, Courir à mâts et à cordes.

Navegar con papahigo = Etre à la cape sous les basses voiles.

Navegar á la parte = Naviguer à la part.

Navegar con viento largo = Courir largue.

Navegar viento en popa, ir viento en popa = Courir vent arrière ou vent en poupe.

Instrucciones para navegar = Instructions pour naviguer.

NAVIO = Vaisseau.

Navío que aguanta mucho = Bâtiment jaloux, Bâtiment foible du côté.

Navío que está en aguas iguales = Vaisseau sans aucune différence de tirant d'eau.

Navío de alto bordo = Vaisseau de haut-bord.

Navío anclado = Vaisseau qui est à l'ancre *ou au* mouillage.

Navío buen andador = Vaisseau bon voilier.

Navío que no es buen andador, navío porron = Vaisseau mauvais voilier.

Navío de primera andana = Vaisseau du premier rang.

Navío de segunda andana = Vaisseau du second rang.

Navío ardiente = Vaisseau ardent.

Navío en armamento = Vaisseau en armement.

Navío en bahía = Vaisseau en rade.

Navío que barloventea bien, navío que bolinea bien = Vaisseau bon boulinier, Vaisseau qui est sourd au vent.

Navío de baxo bordo = Vaisseau de bas-bord.

Navío cabeceador = Vaisseau qui tangue beaucoup.

Navío que está muy calado = Vaisseau qui tire beaucoup d'eau.

Navío de carga = Vaisseau de charge.

Navío comandante = Vaisseau commandant.

Navío de compañía = Vaisseau de compagnie.

Navío de la compañía de las Indias = Vaisseau de la compagnie des Indes.

Navío en construccion = Vaisseau en construction.

Navío corsario = Vaisseau corsaire.

Navío crucero = Vaisseau croiseur, Vaisseau en croisière.

Navío derecho = Vaisseau droit.

Navío desaparejado = Vaisseau dégréé, dégarni.

Navío desarbolado = Vaisseau démâté.

Navío desarmado = Vaisseau désarmé.

Navío desmantelado = Vaisseau désemparé.

Navío que es duro á la vela = Vaisseau qui porte bien la voile.

Navío enemigo = Vaisseau ennemi.

Navío que no está bien enjuncado = Vaisseau mal arrimé.

Navío estanco = Vaisseau étanche.

Navío fino = Vaisseau fin, Vaisseau qui a les fonds fins.

Navío guardacosta = Vaisseau garde-côte.

Navío de guardia = Vaisseau de garde.

Navío de guerra = Vaisseau de guerre.

Navío que hace agua = Vaisseau qui fait eau, *qui a plusieurs voies d'eau.*

Navío que no hace agua = Vaisseau qui ne fait pas d'eau.

Navío de hospital = Vaisseau hôpital.

Navío de línea = Vaisseau de ligne.

Navío muy lleno de proa = Vaisseau à gros avant.

Navío matelote = Vaisseau matelot.

Navío mercantil = Vaisseau marchand.

Navío que está metido de popa = Vaisseau qui est sur l'arrière.

Navío que está metido de proa = Vaisseau qui est sur l'avant *ou* sur le nez.

Navío neutral ó neutro = Vaisseau neutre.

Navío bien ó mal orientado = Vaisseau bien *ou* mal orienté.

Navío parlamentario = Vaisseau parlementaire.

Navío plano = Vaisseau ras.

Navío con popa de cucharro ó redonda = Vaisseau à poupe ronde.

Navío con popa llana = Vaisseau à poupe carrée, à cul carré.

Navío de tres puentes = Vaisseau à trois ponts.

NAVÍO QUEBRADO = Vaisseau arqué.

NAVÍO REBAXADO = Vaisseau rasé.

NAVÍO DEL REY = Vaisseau du roi.

NAVÍO QUE TIENE EL ALCÁZAR Y CASTILLO DE PROA ELEVADO = Vaisseau qui a l'accastillage élevé.

NAVÍO QUE TIENE EL ALCÁZAR Y CASTILLO DE PROA PLANO = Vaisseau qui a l'accastillage ras.

NAVÍO QUE TIENE UNA BÓVEDA GRANDE = Vaisseau qui a une grande voûte.

NAVÍO QUE TIENE MUCHO CRUZÁMEN = Vaisseau qui a beaucoup d'envergure.

NAVÍO DE TRANSPORTE = Vaisseau de transport.

NAVÍO PARA EL TRATO DE LOS NEGROS = Vaisseau négrier.

NAVÍO Á LA VELA = Vaisseau à la voile *ou* sous voiles.

NAVÍO VELERO = Vaisseau bon voilier, Vaisseau qui se comporte bien à la mer.

EL NAVÍO SE ADRIZA = Le vaisseau se relève, se redresse.

EL NAVÍO CAE BIEN = Le vaisseau abat du bon côté.

EL NAVÍO CAE AL CONTRARIO *ó* VA AL CONTRARIO = Le vaisseau abat du mauvais côté.

EL NAVÍO COLA = Le vaisseau serre-file.

EL NAVÍO CORRE DOCE SEÑALES = Le vaisseau file douze nœuds.

EL NAVÍO ESTÁ DURO Á GOVERNAR = Le vaisseau ne sent point son gouvernail.

EL NAVÍO OBEDECE AL TIMON = Le vaisseau obéit à son gouvernail.

EL NAVÍO TIENE LAS AMURAS Á ESTRIBOR = Le vaisseau a les amures à tribord.

EL NAVÍO TRABAJA MUCHO = Le vaisseau fatigue beaucoup, le vaisseau se tourmente.

Por poco ha virado el navío = Le vaisseau a manqué *ou* refusé de virer.

Adonde va el navío? = Où va le vaisseau?

De donde viene el navío = D'où vient le vaisseau?

NEBLINA, cerazon = Banc de brume.

NERVIO = Draille d'une voile *ou* d'une tente.

Nervio ó cabo fixo que sirve de palo para izar una verga = Cordage placé perpendiculairement en avant *ou* en arrière du mât pour servir de mât à une vergue carrée *ou* de draille à une voile d'étai.

NEUTRAL = Neutre.

Barco neutral = Bâtiment neutre.

NIEBLA, bruma, cerazon = Brume.

Tiempo de niebla = Temps brumeux.

NIVEL = Niveau.

Nivel del agua = Niveau de l'eau.

NONIO = Nonius d'un instrument à réflexion.

NORTE, nord = Nord.

Norte quarto al nord-este = Nord quart au Nord-Est.

Nord nordeste = Nord-Nord-Est.

Nordeste quarto al norte = Nord-est quart au Nord.

Nordeste = Nord-Est.

Nordeste quarto al este = Nord-Est quart à l'Est.

Este nordeste = Est-Nord-Est.

Este quarto de nordeste = Est quart de Nord-Est.

NORDESTEAR, variacion oriental ó nordeste = Nord-Ester.

NORDOESTEAR, variacion occidental ó nordoeste = Nord-Ouester.

NUDO, VUELTA = Nœud.

NUDO CORREDIZO = Nœud à plein poing.

NUDO AL DERECHO = Nœud plat, Nœud marin.

NUDO DE ENCAPILLADURA = Demi-nœud.

NUDO DE ESCOTA DE CEBADERA = Nœud d'écoute de civadière.

NUDO ó PIÑA DEL GUARDAMANCEBO DE LA ESCALA = Nœud de tire-veille.

NUDO DE LEÑO = Nœud de bois.

NUDO AL REVÉS = Faux-nœud, Nœud commun.

OBE

OBEDECER AL TIMON, HACER CON EL TIMON = Bien gouverner, Sentir sa barre, *en parlant d'un bâtiment.*

BARCO QUE OBEDECE AL TIMON = Bâtiment qui gouverne bien.

BARCO QUE NO OBEDECE AL TIMON = Bâtiment qui gouverne mal.

OBENCADURA ú OBENQUERÍA = Tous les haubans *en général.*

LA OBENCADURA DEL BARCO ES MALA = Tous les haubans du bâtiment sont mauvais.

OBENQUE = Hauban.

LOS OBENQUES MAYORES = Les grands haubans.

LOS OBENQUES DE TRINQUETE = Les haubans de misaine.

LOS OBENQUES DE MESANA = Les haubans d'artimon.

LOS OBENQUES DE GÁVIA = Les haubans du grand hunier.

LOS OBENQUES DE VELACHO = Les haubans du petit hunier.

LOS OBENQUES DEL JUANETE MAYOR = Les haubans du grand perroquet.

Los obenques del juanete de proa = Les haubans du petit perroquet.

Los obenques de sobremesana = Les haubans du perroquet de fougue.

Los obenques *ú* obenquitos del periquito = Les haubans de la perruche.

Obenques volantes = Faux-haubans, Haubans de fortune.

Obenque doble = Couple de haubans.

Obenque que lleva un ramo babor y el otro estribor = Couple de haubans qui porte une de ses branches à bâbord et l'autre à tribord.

OBENQUERIA (*voyez* obencadura).

OBLIQUA, direccion obliqua = Direction oblique.

Hacer una derrota obliqua = Faire une route oblique.

OBRADOR = Atelier.

Obrador de la arboladura = Atelier de la mâture.

Obrador de los carpinteros de obra prima = Atelier des menuisiers.

Obrador de los carpinteros de ribera = Atelier des charpentiers.

Obrador de cordería, obrador de xarcia = Atelier de corderie, Corderie.

Obrador de los forjadores = Atelier des forgerons.

Obrador de motonería *ú* obrador de tornería = Poulierie, Atelier de poulierie.

Obrador de pipería = Tonnelerie.

Obrador de remos = Avironnerie.

Obrador de velas = Voilerie.

OBRAS muertas = Œuvres mortes.

Obras vivas = Œuvres vives.

OBSERVACION, BARCO DE OBSERVACION = Bâtiment d'observation.

OBSERVAR ALGO EN LA DIRECCION DE LA SERVIOLA = Découvrir un objet dans la direction du bossoir.

OBSTRUIDA, LA BOMBA ESTÁ OBSTRUIDA = La pompe est engorgée.

OBUCE, CARONADA = Caronade.

OCCIDENTAL, AMPLITUD OCCIDENTAL = Amplitude occase *ou* occidentale.

OCÉANO = Océan.

OCHAVAS DE UN MOLINETE = Flasques d'un virevaut *ou* d'un guindeau.

OCTANTE = Octant.
    LA ALIDADA = L'alidade.
    EL ARCO = Le cercle gradué.
    EL MICRÓMETRO = La vis de rappel.

OESTE = Ouest.
    OESTE QUARTO AL NOROÉSTE = Ouest quart Nord-Ouest.
    OESNOROESTE = Ouest Nord-Ouest.
    NOROESTE QUARTO AL OESTE = Nord-Ouest quart à l'Ouest.
    NOROESTE = Nord-Ouest.
    NOROESTE QUARTO AL NORTE = Nord-Ouest quart au Nord.
    NORDNOROESTE = Nord Nord-Ouest.
    NORTE QUARTO AL NOROESTE = Nord quart au Nord-Ouest.

OFICIAL DE MARINA = Officier de la marine.
    OFICIAL DE GUARDIA = Officier de garde, Officier de quart.

OFICIAL DE MAR, ARTILLERO DE PREFERENCIA = Officier marinier, Quartier-maître.

OFICIALES DE CONTADURÍA DE MARINA = Officiers d'administration de la marine.

OJO DEL ÁNCLA = L'œillet d'ancre.

OLA DE LA MAR = Vague, Flot, Lame.

OLEADA = Grosse lame, Levée de la mer.

OLLAOS ú OLLADOS DE LAS VELAS = Yeux de pie ou Œillets des voiles.

ONDA DE GAMBA = Feuillette d'un gaton.

ORDEN, *termino de táctica naval* = Ordre, *terme de tactique navale.*

ORDEN DE CAZA = Ordre de chasse.

ORDEN DE COMBATE = Ordre de bataille.

ORDEN DE CONVOY = Ordre de convoi.

ORDEN DE FRENTE = Ordre de front.

ORDEN INVERSO = Ordre renversé.

ORDEN DE MARCHA = Ordre de marche.

ORDEN NATURAL = Ordre naturel.

ORDEN DE RETIRADA = Ordre de retraite.

ORDEN SOBRE N COLUMNAS = Ordre sur N colonnes.

ORDENANZAS DE MARINA = Ordonnances de la marine.

ORDENAR UNA ARMADA EN LÍNEA = Ranger une armée en ligne.

ESTAR ORDENADO EN LÍNEA = Être rangé en ligne.

ORDENAR UNA ARMADA SOBRE N COLUMNAS = Ranger une armé sur N colonnes.

OREJAS DEL ÁNCLA = Les tourillons, Tenons d'ancre.

OREJAS ó CABILLONES DE UNA LANCHA = Dames placées sur l'arrière d'une chaloupe.

ORFADA ó CABEZADA = Tangage.

ORGANO de poleas de vuelta = Ratelier *ou* Rangée de marionettes.

ORIENTAL, amplitud oriental = Amplitude ortive.

ORIENTAR un navío = Orienter un vaisseau.
Orientar las velas = Orienter les voiles — Appareiller les voiles.
Orientarse = s'Orienter.

ORINCAR el áncla = Oringuer l'ancre.

ORINQUE del áncla = L'orin de l'ancre.

ORZA = Semelle de dérive, Aile de dérive.

ORZADA = Auloffée.
Hacer una orzada = Faire une auloffée.

ORZAR, ceñir el viento, venir de loo = Loffer, Venir au lof, Venir au vent, Rapiquer au vent.
Orza ! = Au lof!

OSTA de pena = Oste d'une antenne.

OSTAGA (*voyez* ustaga).

OVILLO de cajeta *ó* de trinela = Pelotte de tresse.
Ovillo de meollar — Pelotte de bitord.

PAG

Pacotilla = Pacotille.

PABELLON (*voyez* bandera).

PAGA, sueldo = Paie par mois — Gages de marin.
Han dado una paga = On a payé un mois.
Paga por los dias de demora *ó* demoraje = Droit de la starie extraordinaire.

PAGAMENTO *ó* pago por los dias de demora = Paiement pour la starie *ou* le retardement.

PAGE de escoba = Mousse.

PAGE DEL RANCHO = Garçon d'une gamelle.

PAJA DE BITAS = Paille de bittes.
PAJA DE CARRETEL = Paille pour tour à bitord.

PAJARIL, PONER EL TRINQUETE AL PAJARIL = Mettre la misaine au petit bossoir.

PALA DE UN REMO = Pale *ou* Pelle d'un aviron.

PALANCA = Gaffe dont se servent les barques pour pousser de fond.
IR Á LA PALANCA = Se haler de l'avant en poussant de fond.
PALANCA DE DESATRACAR = Arc-boutant ferré.

PALANQUETA = Boulet ramé.

PALANQUINES PARA LA ARTILLERÍA = Palans à canon.
PALANQUINES DE RETENIDA = Palans de retraite.
PALANQUINES DE RIZOS = Palanquins de ris.
PALANQUINES DE LA VELA MAYOR = Cargue-points de la grand'voile.
PALANQUINES DEL TRINQUETE = Cargue-points de la misaine.

PALLETE = Paillet, Baderne, Sangle, *espèce de tresse.*
PALLETE AFELPADO = Paillet lardé.
PALLETE DE CORDONES = Paillet fait en torons.
PALLETE LISO = Paillet uni.
PALLETE DE MEOLLAR = Paillet fait en bitord.

PALMEJARES, FORRO = Vaigres d'empâture.
CONTRAPALMEJARES = Vaigres dessus et dessous les vaigres d'empâture.

PALMO = Palme.
PALO DE *N* PALMOS = Mât de *N* palmes.
PALO = Mât.

Palo mayor = Grand mât.

Palo de trinquete = Mât de misaine.

Palo de mesana = Mât d'artimon.

Palo de bauprés = Mât de beaupré.

Palo mayor de una galera = Mestre, Grand mât d'une galère.

Palo compuesto = Mât composé.

Palo consentido (*voyez* consentir).

Palo macho = Mât d'un brin *ou* d'une pièce.

Palo rompido = Mât qui a consenti, Mât forcé.

Palo tiple = Mât à pible.

Palos mayores = Bas mâts.

Palo de gamba = Gatton, *ustensile de cordier.*

Palo con ganchos para urdir las filásticas = Ratelier de corderie.

Palos altos = Haute mâture.

Palo derecho = Bois droit, Bois de haute futaie.

Palos de vuelta = Bois courbans, Bois tors.

Palos del Norte = Mâts du Nord.

PALOMA = Poulie de dessus vergue pour itague de hune.

PANAS = Plancher.

PANTALLA = Masque pour la fumée.

PANTOQUE = Petit fond d'un bâtiment, le plat fond d'un vaisseau.

PAÑAS = Vaigrage d'une petite embarcation *ou* d'une barque.

PAÑETE = Frise, grosse étoffe de laine.

PAÑO por las portas = Frise pour les sabords.

PAÑOL = Soute.

Pañol de los cables = Plancher de la fosse aux cables.

Pañol del condestable = Soute du maître canonnier.

PAÑOL DEL CONTRAMAESTRE, PAÑOL DE PROA = Soute du maître — Fosse aux lions.

PAÑOL DEL MAESTRO DE VÍVERES = Soute du commis des vivres.

PAÑOL DEL PAN ó DE GALLETA = Soute à pain ou au biscuit.

PAÑOL DE LA PÓLVORA = Soute à poudre.

PAÑOL DEL QUESO = Soute au fromage.

PAÑOL DE LOS VÍVERES = Soute aux vivres.

PAÑOL DE LAS VELAS = Soute à voile.

PAÑOL DE UN BOTE = Tille d'un bateau.

PAÑOL DE PROA = Tille de l'avant.

PAÑOL DE POPA = Tille de l'arrière.

PAÑOLERO = Gardien d'une soute.

PAÑOLERO DEL CONTRAMAESTRE = Gardien de la fosse aux lions.

PAÑOLERO DE LA SANTA BÁRBARA ó DEL CONDESTABLE = Gardien de la Sainte-Barbe.

PAPAHIGOS, NAVEGAR CON PAPAHIGOS = Être à la cape sous les basses voiles.

PAQUEBOTE = Paquebot — Courrier — Senau.

PAQUETE DE CABO = Glène de cordage.

PARADA DE LA VACIANTE = Étale du jusant.

LA MAR ESTÁ PARADA = La mer est étale.

DEXAR PARADA LA AMPOLLETA = Laisser dormir l'horloge.

PARADURA = Gabord.

PARAGE = Parage.

PARCHAMENTO, TENER EL PARCHAMENTO ENCIMA = Être masqué, avoir tout sur le mât.

Navío que tiene el parchamento encima = Vaisseau coiffé, qui a tout dessus le mât.

Con el contraste de viento tenemos el parchamento encima = La saute de vent nous a coiffé partout.

PARCHES = Morceaux de prélart.

Poner parches ó emparchar = Boucher des trous *ou* Aveugler des trous avec des prélarts.

PARLAMENTARIO = Parlementaire.

PARQUE de artillería en un arsenal = Parc d'artillerie dans un arsenal.

PARTE, navegar á la parte = Naviguer à la part.

Parte de presa = Part de prise.

PASABALAS = Calibre pour mesurer *ou* calibrer les boulets.

PASACAVALLO = Ponton.

PASADO, estar pasado de broma = Être piqué des vers.

PASADOR = Épissoir.

Grande pasador de palo = Grand épissoir de bois.

PASAGE, barco de pasage = Bateau de passage — Bac.

PASAGERO = Passager.

PASAMANOS = Les passe-avants d'un bâtiment.

PASAPORTE = Passeport — Lettre de mer.

Pasaporte de un barco mercantil = Passeport d'un bâtiment marchand.

PASAR = Passer.

Pasar por la popa = Passer à poupe.

Pasar de vuelta encontrada = Passer à bord contre.

Pasar adelante de un navío = Mettre un vaisseau de l'arrière, Dépasser un vaisseau.

Pasar á barlovento = Passer au vent.

Pasar á sotavento = Passer sous le vent.

Pasar del órden de marcha á..... = Passer de l'ordre de marche à....

Pasar cañones de un bordo á otro = Passer des canons d'un bord à l'autre.

Pasar cabo = Passer une manœuvre.

Pasar el capon = Passer la bosse debout *ou* la bosse du bossoir par l'arganeau.

Pasar un marinero por debaxo de la quilla = Donner la cale par dessous la quille.

Pasar el invierno = Hiverner.

PASAVANTE = Passeport, Sauf-conduit.

PASAVOLANTE = Passe-volant.

PASO = Passe entre deux terres *ou* deux dangers.

Pasos de escalera = Taquets d'échelle *ou* Échelons.

PASTECA = Poulie coupée, Galoche, Pasteque.

Pasteca de firme ó galápago = Chaumard, galoche placée dans la muraille d'un bâtiment.

PATARAES ó vientos del bauprés = Les haubans de beaupré.

PATRON = Patron.

Patron de un barco = Maître d'un bateau.

Patron de bote = Patron de canot.

Patron de lancha = Patron de chaloupe.

PAVESADA, empavesada = Pavois.

PAYRO ó facha = Panne.

Estar al payro ó estar en facha = Être en panne.

Poner al payro ó poner en facha = Mettre en panne.

PEAÑAS ó PEDESTALES DE UNA EMBARCACION DE REMOS = Marchepieds d'une embarcation à rames.

PECHO DE MUERTO=Guirlande en gréement pour soutenir un congréage.

PEDESTALES (voyez PEAÑAS).

PEDRERO = Pierrier.

PEINADO, HACER PEINADO = Peigner un toron pour faire une queue de rat.

PELLIZCAR EL VIENTO = Chicaner le vent.
NO PELLIZCA EL VIENTO ! = Ne chicane pas le vent!

PENA DE UNA ENTENA = Penne d'une antenne.
PENA DE LA VERGA DE MESANA = Le bout du pic, le bout de la corne d'artimon.

PENDOLES, DAR PENDOLES = Demi-bande, Donner une demi-bande.

PENDURA, ÁNCLA Á LA PENDURA = Ancre à la veille.
BOYA Á LA PENDURA = Bouée à la veille.

PENINSULA = Presqu'île, Peninsule.

PENOL DE UNA VERGA = Bout d'une vergue.
APAREJO DEL PENOL = Palan de bout de vergue.

PENTALLA (voyez PANTALLA).

PEÑASCOS, ESCOLLOS = Rochers.

PEON ó ESTILO DE LA AGUJA DE BRÚXULA=Pivot d'une aiguille de boussole.
PEON DEL CABRESTANTE = Pivot du cabestan.
PEON ó MOZO = Aide d'un ouvrier dans l'arsenal.

PERCHAS = Pièces de mâture pour faire un mât.
PERCHAS PARA DÉFENDER EL ABORDAGE DE UN BRULOTE = Bout-dehors pour défendre l'approche d'un brûlot.

PERCHAS *ó* BRAZALES DE PROA = Écharpes *ou* Herpes de beaupré, Lisses d'éperon *ou* de poulaine.

PERDER LAS ÁNCLAS = Perdre ses ancres.
PERDER UN BOTE = Perdre un canot.
PERDER UN PALO = Casser un mât.
PERDER EL TIMON = Perdre son gouvernail.
PERDER LA TIERRA DE VISTA = Perdre la terre de vue, Noyer la terre.

PERDERSE, NAUFRAGAR = Naufrager, Faire naufrage, Périr.
PERDERSE CASCO Y GENTE = Périr, corps et biens.
PERDERSE ENCIMA DE UNA PIEDRA = Se perdre sur une roche.
PERDERSE Á LA COSTA = Se jeter à la côte.

PERFILAR LAS VERGAS PARA QUITAR VENTOLA = Brasser les vergues en pointes pour prendre moins de vent.

PERIGALLO, ARAÑA = Araignée (*voyez* ARAÑA).
TELERA PARA PERIGALLO = Bois d'araignée.
PERIGALLO DE LA MESANA = Martinet de la corne d'artimon.
PERIGALLO DEL PUJÁMEN = Cargue-à-vue.
PERIGALLO DEL TOLDO = Araignée de la tente.

PERILLA = Pomme de mât *ou* de bâton de pavillon.

PERIQUITO *ó* JUANETE DE SOBREMESANA = La perruche.

PERNADAS DE ARAÑA = Marticles d'araignée.

PERNO = Cheville en fer, Boulon.
PERNO CON ARGOLLA = Cheville à boucle, *lorsque la boucle joue dans la tête du piton.*
PERNO CON ARGOLLA ARPONADO = Anneau à fiche.

PERNO CON ARGOLLA Y GUARDACABO = Cheville à boucle avec une cosse.

PERNO ARPONADO=Cheville à barbe *ou* à grille, Fiche.

PERNO DE LA BOMBA = Cheville de pompe.

PERNO CON CABEZA DE DIAMANTE = Cheville à tête de diamant.

PERNO DE CABEZA REDONDA = Cheville à tête ronde *ou* à bouton.

PERNO DE LAS CADENAS DE LAS VIGOTAS = Cheville des chaînes de haubans.

PERNO DE CÁNCAMO = Cheville à croc.

PERNO DE CÁNCAMO Y DE ARGOLLA=Cheville à boucle et à croc.

PERNO DE CHAVETA, PERNO CAPUCHINO = Cheville à goupille.

PERNO DE LOS ESTRIBOS DE LOS OBENQUES = Cheville des étriers des haubans.

PERNO DE OJO = Cheville à œillet.

PERNO DE OJO Y DE CHAVETA = Cheville à boucle et à goupille.

PERNO DE PUNTA AGUDA = Cheville à pointe aiguë.

PERNO QUADRADO = Cheville quarrée.

PERNO REBATIDO = Cheville clavetée sur virole.

PERNO REMACHADO = Cheville rivée.

PERNO DE TRAVESÍA EN QUE DESCANSA LA BANQUETA = Cheville qui traverse l'affût vers l'arrière.

PERNO DE TRAVESÍA QUE PASA POR EL TELERON = Cheville qui lie l'entre-toise avec les flasques.

PERNO DE UN MOTON = Essieu d'une poulie.

PERROS = Renards à embarquer les bois *ou* à les débarquer.

PESCADOR = Pêcheur.

PESCADOR = Chat, *espèce de grapin pour soulager les cables lorsqu'on veut dépasser des tours.*

PESCANTE = Appareil fait soit avec la vergue de misaine pour mâter un beaupré, soit avec la grande vergue pour embarquer des canons ou tout autre poids considérable.

PESCANTE DE LOS BOTES = Tangon.

PESCANTE DE LA AMURA ó SERVIOLETA = Pistolet *ou* Minot, Boute-lof.

VIENTOS DEL PESCANTE = Haubans de minot.

PESCANTE DE LA SERVIOLA = Bossoir.

PESCANTES DE Á POPA = Pistolets de poupe *ou* Petits bossoirs sur le couronnement.

PEZON DEL EXE DE UNA CUREÑA = Fusée de l'essieu d'un affût de canon.

PICADA, MAR PICADA, MAR DE EMBATE, MAR ENCONTRADA, MAR ENCRISPADA, MAR AMPOLLADA = Mer clapoteuse.

PICADEROS = Chantiers, *piles de bois sur lesquelles on place la quille d'un vaisseau en construction* — Tins.

Entró en el dique sobre picaderos de seis pulgadas de quebranto.

Il entra dans le bassin et fut échoué sur des chantiers préparés pour six pouces d'arc.

PICAR = Couper.

PICAR EL CABLE = Couper le cable.

PICAR UN PALO = Couper un mât.

PICAR LA HORA = Piquer l'heure.

PICO = Vergue à corne.

PICO DE LA MESANA = Pic *ou* Corne d'artimon.

PICO DEL ÁNCLA = Bec de l'ancre.

PICOTA DE UNA BOMBA = Potence d'une pompe.

PIE, *medida* = Pied, *mesure*.

Nota. El pie Frances antiguo vale 13 pulgadas 9 lineas del pie de Castilla que se usa en los arsenales de la marina real.

ᴇʟ ʙᴀʀᴄᴏ ᴄᴀʟᴀ *N* ᴘɪᴇs = Le bâtiment cale *ou* tire *N* pieds.

ʟᴏs ᴘɪᴇs ᴅᴇʟ ᴄᴏᴅᴀsᴛᴇ ʏ ᴅᴇ ʟᴀ ʀᴏᴅᴀ ǫᴜᴇ ɪɴᴅɪᴄᴀɴ ǫᴜᴀɴᴛᴏ ᴄᴀʟᴀ ᴇʟ ɴᴀᴠíᴏ = La marque du tirant d'eau.

ᴘɪᴇ ᴅᴇ ᴀᴍɪɢᴏ ᴅᴇ ʟᴀ sᴇʀᴠɪᴏʟᴀ = Courbe *ou* Console du bossoir.

ᴘɪᴇ ᴅᴇ ᴄᴀʙʀᴀ = Pince, Levier de fer, Pied de chèvre — Renard, grande tenaille de fer.

ᴘɪᴇ ᴅᴇʟ ᴊᴀʀᴅɪɴ = Cul de lampe des bouteilles.

ᴘɪᴇ ᴅᴇʟ ᴘᴀʟᴏ = Pied du mât, *la partie qui correspond à l'étambrai.*

ᴘɪᴇ ᴅᴇ ʟᴀ ʀᴏᴅᴀ = Écart du brion avec la quille.

ᴘɪᴇ, ᴍᴀʀ ᴅᴇ ᴘɪᴇ, ᴍᴀʀ ᴇᴍᴘᴏʟʟᴀᴅᴀ = Mer houleuse.

ᴘɪᴇs ᴅᴇ ᴄᴀʀɴᴇʀᴏ = Épontilles *ou* Étances à manche, pour descendre dans la cale.

ᴘɪᴇᴅʀᴀ, ʀᴏᴄᴀ = Roche.

ʟᴀ ᴘɪᴇᴅʀᴀ ᴇsᴛá á ᴛᴀʟ ʀᴜᴍʙᴏ = La roche gît à tel aire de vent.

ʟᴀs ᴘɪᴇᴅʀᴀs ᴠᴇʟᴀɴ, ᴇʟ ᴀʀʀᴇᴄɪғᴇ ᴠᴇʟᴀ = Les roches découvrent.

ᴘɪᴇᴢᴀ ᴅᴇ ᴀʀᴛɪʟʟᴇʀíᴀ = Pièce d'artillerie.

ᴘɪᴇᴢᴀ ᴅᴇ ᴄᴀñᴏɴ = Pièce de canon.

ᴘɪᴇᴢᴀ ᴅᴇ á ᴛʀᴇɪɴᴛᴀ ʏ sᴇɪs = Pièce de trente-six.

ᴘɪᴇᴢᴀ ᴅᴇ ʟᴇᴠᴀ = Coup de canon de partance.

ᴘɪᴇᴢᴀ ᴅᴇ xᴀʀᴄɪᴀ = Pièce de cordage.

ᴘɪᴇᴢᴀ ᴅᴇ ɢᴜɪɴᴅᴀʟᴇᴢᴀ ᴅᴇ á ǫᴜᴀᴛʀᴏ ᴄᴏʀᴅᴏɴᴇs = Pièce de cordage en aussière à quatre torons.

ᴘɪᴇᴢᴀ ᴅᴇ ʀᴇᴠᴇs = Alonges de revers.

ᴘɪᴇᴢᴀs ᴅᴇ ᴇɴᴄʜɪᴍɪᴇɴᴛᴏ = Fardages, *morceaux de remplissage.*

ᴘɪʟᴏᴛᴀɢᴇ, ʟᴀᴍᴀɴᴀɢᴇ = Pilotage.

ᴘɪʟᴏᴛɪɴ = Pilotin, *élève officier pilote.*

ᴘɪʟᴏᴛᴏ = Pilote.

PRIMER PILOTO = Premier pilote.

SEGUNDO PILOTO = Second pilote.

PILOTO PRÁCTICO, PILOTO DE PUERTO — Pilote côtier *ou* lamaneur, Pilote pratique.

PILOTO DE ALTURA = Pilote hauturier.

ESTAR DE PILOTO, ESTAR DE PRÁCTICO Á BORDO DE UN NAVÍO = Piloter un vaisseau.

PINCELES DE ALQUITRANAR = Brosses à goudronner, Vatons.

PINQUE, LONDRO = Pinque.

PINTAR LOS PALOS = Peindre, Noircir les mâts.

PINZOTE DEL TIMON = Manuelle de gouvernail.

PIÑA = Cul de porc, *espèce de nœud.*
HACER UNA PIÑA = Faire un cul de porc.
BOZA DE PIÑA = Bosse à bouton, Bosse de dessus le pont, à cul de porc.
PIÑA ó ARADOR = Cochoir, *dans une corderie.*

PIOLA = Lusin, Merlin, *menu cordage.*
PIOLA BLANCA = Lusin blanc.
PIOLA ALQUITRANADA = Lusin noir *ou* goudronné.
PIOLA DE DOS HILOS = Merlin à deux fils.

PIPA = Pièce *ou* Futaille.
PIPAS DE AGUA = Pièces à eau.
PIPAS DE VINO = Pièces à vin.

PIPERIA DE UN BARCO = Pièces *ou* Futailles nécessaires pour l'armement d'un bâtiment.

PIQUE, ESTAR Á PIQUE DEL ÁNCLA = Être à pic.
QUASI Á PIQUE = A peu près à pic.
QUEDAR Á PIQUE = Rester à pic.
VIRAR Á PIQUE = Virer à pic.
EL ÁNCLA ESTÁ Á PIQUE = L'ancre est à pic.

Costa á pique = Côte à pic.

El viento está á pique = Le vent est à pic; il n'y a plus de mer.

Irse á pique = Couler bas.

Echar á pique un barco = Couler à fond un bâtiment, le faire périr.

PIQUES, piques capuchinos, varengas levantadas = Varangues acculées — Couples qui ont beaucoup d'acculement *ou* Fourcats.

PIRATA = Pirate, Forban, Écumeur de mer.

Hacer de pirata = Écumer la mer, Pirater.

PIRATEAR, hacer de pirata, estar de pirata = Pirater.

PIRATERIA = Piraterie.

PITAR, mandar con el pito = Siffler, Commander au sifflet.

PITARASA = Pataras, *coin à manche, outil de calfat.*

PITARASEAR ó rebatir con la pitarasa = Patarasser, *terme de calfat.*

PITO = Sifflet.

PLAN = Largeur de la cale d'un bâtiment.

Plan barrido, estar á plan barrido = Être tout lége, n'avoir pas même de lest à bord.

PLANA mayor de un navío = Etat-major d'un vaisseau.

PLANCHA, tabla para desembarcar de un bote = Planche pour débarquer d'un canot.

Plancha de fuego = Planche à feu.

Plancha de viento, andamio = Échafaud *ou* Chafaud suspendu le long du bord pour que les charpentiers *ou* calfats puissent travailler.

PLANCHAS DE AGUA = Ras de carène *ou* de calfat, Pont flottant.

PLANCHAS DE COBRE PARA FORRO = Feuilles de cuivre pour doublage.

PLANCHUELA DE HIERRO = Platte-bande de fer, Jouet.

PLANCHUELAS DE HIERRO PARA UNIR LA QUILLA = Bandes de fer pour unir la quille.

PLANES DE LAS BULARCAMAS = Varangues de porques.

VARENGAS PLANES = Varangues du milieu, celles qui ont le moins d'acculement.

PLANO, NAVÍO PLANO = Vaisseau ras.

PLANTILLA, BRUSCA = Gabarit, *modèle en planche d'une pièce de membrure* ou *de toute autre pièce.*

PLATILLAS PARA BOMBA DE CADENA = Petits plateaux de fer qui servent à former le chapelet d'une pompe à chapelet.

PLATO DE UN RANCHO DE MARINEROS = Gamelle *ou* Corbillon d'un plat de matelots.

PLAYA, COSTA, ARENAL = Plage, Platin, rivage plat et sablonneux.

PLAYA DE ARENA = Plage de sable.

PLAZA DE ARMAS = Vibord, entre-deux des gaillards.

PLENA MAR = Le plein de l'eau.

PLIEGO DE CARGO = Feuille, *état des objets à la charge d'un maître à bord d'un bâtiment de guerre.*

PLIEGO DE CARGO DEL CONTRAMAESTRE = Feuille du maître d'équipage.

PLUMAS DE ENDEREZAR ó ADRIZAR = Redresses.

POAS DE BOLINA, MACHOS Y HEMBRAS DE BOLINA = Branches de bouline—Pattes de bouline.

POCO Á POCO! DESPACIO! = En douceur!

    ARRIA POCO Á POCO! = Amène en douceur! File en douceur!

    VIRA POCO Á POCO! = Vire en douceur!

POLACRA = Polacre, *sorte de bâtiment.*

POLEA = Poulie à violon.

    POLEA DE VUELTA, POLEA GIRATORIA = Poulie de marionette.

    ORGANO DE POLEAS DE VUELTA = Rangée *ou* Ratelier de marionettes.

POLINES *ó* **PORELES** = Chantiers *ou* Rouleaux dont on se sert pour haler des embarcations à terre.

PONER ADENTRO LOS CAÑONES = Haler les canons en dedans.

    PONER EL ÁNCLA Á BUEN VIAGE = Mettre l'ancre à poste pour aller à la mer.

    PONER SU BANDERA = Mettre son pavillon.

    PONER LOS BARRILETES AL VIRADOR DE CUBIERTA = Garnir *ou* Faire les pommes d'une tournevire.

    PONER LA CAÑA Á BABOR = Mettre la barre à bâbord.

    PONER ó LLAMAR LA CAÑA Á BARLOVENTO = Mettre la barre au vent.

    PONER LA CAÑA Á SOTAVENTO = Mettre la barre sous le vent.

    PONER LA CAÑA EN CONTRA = Rencontrer avec la barre.

    PONER ó METER LOS CAÑONES EN BATERÍA = Mettre la batterie aux sabords.

    PONER SUS CEPOS AL ÁNCLA = Enjaler une ancre.

    PONER CORCHAS Á LOS CAÑONES = Taper les canons.

Poner embargo = Mettre embargo.

Poner el empañado, forrar = Vaigrer un bâtiment.

Poner en facha, poner al payro = Mettre en panne, Mettre en travers.

Poner á flote = Mettre à flot — Relever.

Poner una lantia, poner lanton ó lanteon = Faire marguerite.

Poner un navío sobre las gradas = Mettre un vaisseau sur le chantier.

Poner la proa á.... = Mettre le cap sur....

Poner la proa á la mar ó aproar á la mar = Mettre ou Présenter le bout à la lame.

Poner la proa al viento ó aproar al viento = Mettre debout au vent, Présenter le bout au vent.

Poner puntales = Épontiller, Mettre des épontilles.

Poner una señal = Mettre un signal.

Poner sobreplanes = Porquer.

Poner el timon á la via = Dresser la barre.

Poner á tocar ó flamear = Mettre à fasier ou en ralingue.

Poner las velas en facha = Mettre les voiles sur le mât.

PONERSE á flote = Franchir, se mettre à flot.

Ponerse en franquía = Se mettre en appareillage.

Ponerse á quarta parte de racion = Retrancher le quart de la ration.

PONTON, pasacavallo = Ponton, *barque plate propre à former des ponts, petit pont de bois.*

Ponton de fango = Marie salope.

POPA = Poupe, arrière d'un vaisseau.

Popa ancha = Poupe large.

Popa estrecha = Poupe étroite.

Popa llana = Poupe quarrée — Cul quarré.

Popa redonda *ó* de cucharro = Poupe ronde — Cul rond.

Los cucharros *ó* delgados de popa = Les façons de l'arrière.

El calado de popa = Le tirant d'eau de l'arrière.

Navío que está metido de popa = Vaisseau qui est sur le cul.

Pasar por la popa = Passer à poupe.

Arribar con viento á popa cerrado = Arriver vent arrière.

Navegar viento en popa = Courir vent arrière *ou* vent en poupe.

Las velas de popa = Les voiles de l'arrière.

PORELES (*voyez* POLINES).

PORRAZO = Abordage, *coup que l'on se donne à bord.*

PORRON, barco porron = Bâtiment patache, lourd, qui ne marche pas.

PORTA = Sabord — Mantelet de sabord.

Porta de recibo = Sabord dans la cale d'un vaisseau à embarquer du lest, Sabord de charge.

Portas de la *N* batería = Sabords de la *N* batterie.

Portas del castillo de proa = Sabords de gaillard d'avant.

Portas del alcázar = Sabord de gaillard d'arrière.

Portas de luz = Sabords des chambres d'officiers, Hublots.

Portas de las miras de proa = Sabords de chasse.

Portas de las miras de popa = Sabords de retraite de la Sainte-Barbe.

Portas de los remos = Sabords des avirons.

Cerrar las portas = Fermer les sabords.

Aparejuelo de porta = Palan de sabord.

PORTALO = Intervalle que laissent à l'échelle les bastingages des passe-avants.

PORTE

PÓRTE DE UN BARCO = Port d'un bâtiment.

NAVÍO DEL PORTE DE SETENTA Y QUATRO CAÑONES = Vaisseau du port de soixante-quatorze canons.

PORTERIA DE UN BARCO = Les mantelets de sabords, *en général.*

PORTUGUESA, VUELTA PORTUGUESA = Portugaise, *sorte d'amarrage.*

POSTAS *ú* OREJAS DEL ÁNCLA, UÑAS DEL ÁNCLA = Pattes *ou* Oreilles d'ancre.

POSTELERAS, CURVAS POSTELERAS = Rances que l'on met sur le côté d'un bâtiment.

POSTELERO *ó* CASTAÑUELA DE LA AMURA = Dogue d'amure.

POSTURAS = Les premières alonges.

POZO DE AGUADA = Cale à l'eau.
Pozo DEL VINO = Cale au vin.

PRACTICO DE LA COSTA = Lamaneur, Pilote côtier.
PRÁCTICO DE LA MAR = Pratique de la mer.
PRÁCTICO DE RIO = Pratique de rivière.

PREBOSTE DE MARINA = Prévôt de marine.
PREBOSTE DE TRIPULACION = Prévôt d'équipage.

PRECINTA = Limande de toile goudronnée.
PRECINTAS PARA FORRAR LOS CABOS = Toile pour fourrure.

PRECINTAR = Garnir en limande avec de la fourrure.

PRENSA, LEVA DE GENTE DE MAR = Presse, Levée de gens de mer.

PREPARARSE PARA COMBATIR = Se préparer au combat.

PRESA = Prise.
PARTE DE PRESA = Part de prise.
AMARINAR UNA PRESA = Amariner une prise.

PRESENTAR los cordones = Empater, présenter les torons pour faire une épissure.

PRESENTAR el costado = Prêter le côté.

PRESO, navío preso por el enemigo = Vaisseau pris par l'ennemi.

PREVOSTE (*voyez* PREBOSTE).

PROA del navío = Proue, Cap *ou* Avant du vaisseau, *relativement à sa construction.*

PROA que tiene mucho lanzamiento = Avant fort élancé.

Navío muy lleno de proa = Avant rentré *ou* Avant jouflu.

Chupado de proa = Avant maigre.

Batidero de proa = La partie de la carène de l'avant qui bat la mer.

Navío que está metido de proa = Vaisseau qui est sur l'avant *ou* sur le nez.

Poner la proa á.... = Mettre le cap sur....

Adonde va la proa? = Où est le cap?

PROEL de un bote = Brigadier d'un canot.

PROFUNDAR un puerto = Creuser un port.

PROLONGAR un barco = Élonger *ou* Prolonger un bâtiment.

Prolongar la costa = Élonger la côte.

Prolongar la tierra = Élonger la terre.

PROMONTORIO, cabo = Promontoire.

PROPAO = Fronteau.

PROVEEDOR = Munitionnaire.

PROVISIONES de mar = Provisions de mer.

PROYECCION de un navío = Plan d'un vaisseau.

Proyeccion horizontal = Plan horizontal.

Proyeccion longitudinal = Plan d'élévation.

Proyeccion transversal = Plan vertical, Plan de projection.

PUENTE (*voye_ cubierta*).

PUERCAS *ó* cochinatas = Barres d'arcasse, *en général*.

PUERTO de mar = Port de mer—Havre.

Puerto abrigado = Port à l'abri du vent.

Puerto de comercio, puerto mercantil = Port marchand.

Puerto franco = Port franc.

Dar en el puerto = Donner dans le port.

Capitan de puerto = Capitaine de port.

Capitania del puerto = Bureau du capitaine de port.

PUJAMEN de una vela = Le bordant d'une voile.

Relinga del pujámen = Ralingue de fond.

PUNTA, cabo = Pointe *ou* Cap.

Punta de tierra = Pointe de terre.

Punta de marea = Montant de la marée.

PUNTAL = Accore, Épontille, Bigue, Béquille pour empêcher un bâtiment échoué de tomber sur le côté.

Puntal de un barco, puntal con que se debe arquear = Creux d'un bâtiment, Creux de cale.

Puntal de la entrecubierta de un navío = Hauteur de l'entre-pont d'un vaisseau.

Puntales de toldos, de batallolas = Montans de tentes, de batayolles.

Puntales de retenida, escoras = Accores, Épontilles d'un vaisseau.

Puntales de las bitas = Accores des bittes.

Puntales de tope = Aiguilles de mâts.

Poner puntales = Épontiller.

PUNTERIA = Pointage de canon.

Hacer la puntería = Pointer un canon.

PUNTO = Point.

Punto del piloto = Point du pilote.

Echar el punto en la carta = Marquer son point, Pointer la carte, Pointer la route.

Estar adelantado mas que el punto = Être en avant de son point *ou* de son estime.

Estar atrasado mas que el punto = Être en arrière de son point *ou* de son estime.

Punto de salida = Point de départ, Point de partance.

Punto vélico = Point vélique.

PUNZO para calafate = Poinçon à calfat.

PUNZONTE = Barre franche.

PUÑO de una vela = Point d'une voile.

QUA

QUADERNA, varenga de un barco = Couple d'un bâtiment.

Quaderna maestra = Maître couple.

Quaderna principal = Couple de levée.

Quaderna del gallon *ú* horcon, ultima quaderna de proa = Couple de coltis.

Quadernas de enchimiento, quadernas intermedias = Couples de remplissage.

Quadernas que no están perpendicularmente sobre la quilla = Couples dévoyés.

Quadernas de proa = Couples de l'avant.

Quadernas de popa = Couples de l'arrière.

QUADERNAL = Poulie qui a plus d'un rouet (*voyez aussi* moton).

Quadernal de dos ojos = Poulie double, Poulie à deux rouets.

Quadernal de tres ojos = Poulie à trois rouets.

Quadernal de aparejo real de dos ó tres ojos = Poulie de caliorne à deux *ou* trois rouets.

Quadernal de las coronas de los aparejos reales = Poulie des pendeurs des mâts.

Quadernal de estay = Poulie d'étai.

Quadernal de gata = Poulie de capon.

Quadernal de paloma = Poulie de drisse.

Quad rnal de tumbar = Poulie de carène.

Quadernal ciego = Moque pour haubans *ou* étais.

Quadernal ciego para estay mayor = Moque pour le grand étai.

Quadernal de *N* ojos.= Moque à *N* trous.

QUADERNO ó quadernillo de bitácora = Casernet, Journal *ou* Table de loch.

QUADRA de popa = Arcasse.

Viento á la quadra = Vent grand largue.

Navegar con viento á la quadra = Courir grand largue.

QUADRANTE ingles = Quartier anglais, Quartier d, Davies, Quart de nonante.

Quadrante de reduccion = Quartier de réduction.

QUADREAR, agalibar = Mettre d'équerre.

QUADRO naval = Quarré naval.

QUARENTENA = Quarantaine.

Hacer quarentena = Faire quarantaine.

Tomar quarentena = Prendre quarantaine.

QUARTEL para marineros = Cayenne, Caserne des matelots.

Quartel de escotilla = Panneau d'écoutille.

Quarteles enjaretados = Panneaux à caillebotis pour les écoutilles.

QUARTO DE VIENTO, RUMBO DE VIENTO = Quart *ou* Aire de vent.

QUEBRANTADO, BARCO QUEBRANTADO = Bâtiment rompu, cassé, qui a pris de l'arc.

QUEBRANTARSE = Se rompre, prendre de l'arc.

QUEBRANTO = Arc, Courbure que prennent les vieux vaisseaux.

EL QUEBRANTO DEL NAVÍO = l'Arc du vaisseau.

QUEBRARSE *ó* QUEBRANTARSE = s'Arquer, se casser.
NAVÍO QUEBRADO = Vaisseau arqué.
CUBIERTA QUEBRADA = Pont arqué.
QUILLA QUEBRADA = Quille arquée.

QUEDAR ATRAS = Rester de l'arrière.
QUEDAR Á PIQUE = Rester à pic.
QUEDARSE SOBRE UN ÁNCLA = Désaffourcher, Rester sur un pied d'ancre.
QUEDARSE Á LA MAR, TENER LA MAR = Tenir la mer.

QUILLA = Quille.
ZAPATA DE LA QUILLA = Fausse-quille.
CONTRAQUILLA = Contre-quille.
ALTURA DE LA QUILLA = Hauteur de la quille.
ANCHURA DE LA QUILLA = Largeur de la quille.
LARGURA DE LA QUILLA = Longueur de la quille *portant sur terre.*
DAR DE QUILLA = Éventer la quille.

QUINALES = Pataras, Faux-haubans.

QUITA Y PON, CUBIERTA DE QUITA Y PON = Pont volant.
TABLAS DE QUITA Y PON *ó* TABLAS LEVADIZAS = Bordages volants.

QUITAR EL ANDAR = Amortir, retarder la marche.

QUITAR EL ANDAR DE UN BOTE, DE UN NAVÍO = Amortir l'aire d'un canot, d'un vaisseau.

QUITAR LAS BOZAS — Debosser.

QUITAR LAS CORCHAS Á LOS CAÑONES = Détaper les canons.

QUITAR EL ENJUNQUE Á UN NAVÍO = Désarrimer un vaisseau, lui ôter son lest.

QUITAR LA ESTIVA, DESESTIVAR = Désarrimer des plans de barriques *ou* de marchandises.

QUITAR EL FORRO = Dédoubler un bâtiment, lui ôter son doublage — Défourrer, Dégarnir.

QUITAR EL MANDO = Démonter un Commandant.

QUITAR UN MASTELERO = Dépasser un mât de hune.

QUITAR LA RACION = Retrancher les vivres.

QUITAR LAS RASTRAS = Rentrer les traines, mettre les traines dedans.

QUITAR, ZAFAR LAS TABLAS *ó* LA TABLAZON = Dédoubler, ôter les bordages — Découdre les bordages — Délivrer les bordages.

QUITAR *ó* DESMONTAR EL TIMON = Démonter le gouvernail.

QUITAR *ó* DESMONTAR LA CAÑA DEL TIMON = Démonter la barre du gouvernail.

QUITAR EL VIENTO = Abriter, ôter le vent — Déventer.

QUITAR VUELTAS = Dédoubler, ôter des tours à un amarrage.

QUITAR VUELTAS AL CABLE = Dépasser les tours de cable.

RAB

RABIZA = Aiguillette *ou* Fouet.

MOTON DE RABIZA = Palan à fouet.

RABIZA DE BOZAS = Aiguillette de bosses.

RABIZA DE CARENA = Aiguillette de caréne.

RABIZA ó BOZA DE LOS BOTALONES DE LAS ALAS = Bosse du bout-dehors des bonnettes.

RABIZA DE LA CAMPANA = Raban de cloche.

RABO DE RATA = Queue de rat.

RACA = Bague à dégréer.

RACA DE DRIZA = Gouvernail *ou* Guide de drisse.

RACAMENTO = Racage, Racambeau.

RACAMENTO GRANDE = Grand racage.

RACAMENTO DE TRINQUETE = Racage de misaine.

RACAMENTO DE GAVIA = Racage du grand hunier.

RACAMENTO DEL VELACHO = Racage du petit hunier.

RACAMENTOS DE LOS JUANETES = Racages des perroquets.

BASTARDO DE RACAMENTO = Bâtard de racage.

LIEBRE DE RACAMENTO = Bigot de racage.

TROZA DE RACAMENTO = Drosse de racage.

VERTELLOS DE RACAMENTO = Pommes de racage.

RACELES, CUCHARROS, DELGADOS DE UN BARCO = Façons d'un bâtiment.

RACHA DE VIENTO (*voyez* RÁFAGA).

RACION = Ration.

RACION LLENA = Ration pleine.

RACION DISMINUIDA = Ration diminuée *ou* retranchée.

RADA, BAHÍA = Rade, Baie (*voyez aussi* BAHÍA).

RADA ABIERTA, BAHÍA DESABRIGADA = Rade ouverte, Rade foraine.

RADA AL ABRIGO DE LOS VIENTOS = Rade close, bonne rade.

RAFAGA DE VIENTO = Risée — Rafale *ou* Bourasque — Grain.

RAMPA ó MUELLE = Cale pour débarquer.

RANCHEAR ó ARRANCHAR LOS MARINEROS, HACER RANCHOS = Distribuer l'équipage en gamelles.

RANCHERO = Chef de gamelle.

RANCHEROS ó RANCHO DE MARINEROS = Matelots qui mangent au même plat, qui font gamelle.

RANCHO = Logement *ou* Poste de l'équipage, *entre deux sabords.*

RANCHO DE LA GENTE DE UN BARCO MERCANTIL = Logement de l'équipage d'un bâtiment marchand.

RANCHO DE MARINEROS ó RANCHEROS = Plat de matelots.

RANCHO DE LOS ENFERMOS = Plat des malades.

RASCAR = Gratter, Racler.

RASCAR LA CUBIERTA = Gratter le pont.

RASCAR Y LAVAR EL NAVÍO = Gratter et laver le vaisseau.

RASQUETA = Gratte, Racle.

RASQUETA GRANDE = Grande racle.

RASQUETA CON DOS FILOS ó BOCAS = Gratte double, Racle double.

RASQUETA CON TRES FILOS = Gratte *ou* Racle en triangle.

RASTRA = Traîne.

QUITAR LAS RASTRAS = Rentrer les traînes, mettre les traînes dedans.

RASTREAR = Draguer pour pêcher.

RASTREAR UN ÁNCLA = Draguer une ancre.

RASTRERA, ALA = Bonnette.

RASTRERA DE TRINQUETE = Bonnette de misaine.

RASTRERA DE MESANA = Bonnette d'artimon.

RASTRILLADOR DE CÁÑAMO = Peigneur de chanvre.

RASTRILLAR EL CÁÑAMO = Peigner le chanvre.

RASTRO *ó* RASTRA = Drague pour pêcher.

RATONES = Cailloux qui couvrent dans certains endroits le fond de la mer.

REATA = Rousture faite sur un mât.

 REATAS DE LOS PALOS MAYORES = Roustures faites entre les cercles des bas mâts.

REBALSAR *ó* MONTAR UN CABO, UNA PUNTA = Parer un cap *ou* une pointe.

REBAXAR UN NAVÍO DE LÍNEA = Raser un vaisseau de ligne.

 NAVÍO REBAXADO = Vaisseau rasé.

REBENQUE = Commande en bitord.

 REBENQUE PARA AZOTAR LOS MARINEROS = Dague de prevôt.

RECALADA = Attérage.

 RECALADA DE VIENTO = Reprise de vent.

RECALAR SOBRE LA TIERRA = Attérer *ou* Attérir, Rallier la terre.

 RECALA EL VIENTO = Le vent reprend.

RECLAMAR, Á RECLAMAR = Étarquer, mettre en coche.

 A RECLAMAR GAVIA = Étarquer le grand hunier, le mettre en coche.

 GAVIAS Á RECLAMADAS = Huniers hissés en coche.

RECLAME, CAXERA = Clan à la tête d'un mât, Clan dans la caisse d'une poulie.

RECOBRADO, NAVÍO RECOBRADO = Vaisseau repris.

RECOGIMIENTO DE LAS ASTILLAS MUERTAS DE UN NAVÍO = Rentrée des œuvres mortes d'un vaisseau.

RECONOCER UN BARCO EN EL MAR = Reconnaître un bâtiment en mer, Visiter un bâtiment en mer.

 RECONOCER AL ENEMIGO = Reconnaître l'ennemi.

Reconocer la tierra = Reconnaître la terre.

Reconocer los víveres = Visiter les vivres.

RECORRER ó enmendar el aparejo del navío = Recourir, Visiter les manœuvres.

Recorrer costuras = Recourir des coutures.

Recorrer el cable con la lancha = Paumoyer le cable, passer sous le cable avec la chaloupe.

RECORRIDA = Atelier de la garniture *ou* Magasin de la garniture.

RECULADA del cañon = Recul du canon.

RED = Filet.

Redes de abordage = Filets d'abordage.

Redes de los pasamanos, redes de combate = Filets des bastingages des passe-avants.

REDEL de proa, quadra de proa = Couple de lof, Couple de balancement de l'avant.

Redel de popa, quadra de popa = Couple de balancement de l'arrière.

REDONDA, vela redonda, vela de cruz = Voile quarrée.

REDONDO, barco redondo = Bâtiment à voile quarrée.

REDUCIMIENTO de los rumbos, al rumbo directo = Réduction des routes.

REDUCIR el grado menor al grado mayor = Réduire les lieues mineures en lieues majeures.

REEMPLAZAR víveres = Remplacer des vivres.

Reemplazar velas = Remplacer des voiles.

REEMPLAZO = Remplacement d'objets consommés.

REFORZADO, barco reforzado de costado = Bâtiment fort de côté, d'un fort echantillon.

REFORZAR = Appuyer, Soutenir, Renforcer.

REFORZAR LOS CAZADORES = Soutenir les chasseurs.

REFRACCION DE LUZ = Réfraction de la lumière.

REFRESCAR = Fraîchir, *en parlant du vent.*

EL VIENTO REFRESCA, EL VIENTO VA REFRESCANDO = Le vent fraîchit.

REFRESCAR EL CABLE = Rafraîchir le cable, *en filer un peu.*

REFRESCAR ó RENOVAR EL FORRO DEL CABLE EN LOS ESCOBENES = Changer la fourrure du cable dans les écubiers.

REFRESCAR LOS CAÑONES = Rafraîchir les canons.

REFRESCOS PARA LA TRIPULACION DE UN NAVÍO = Rafraîchissemens pour l'équipage d'un vaisseau.

REFUERZO DE TELA = Renfort de toile.

EL PRIMER Y SEGUNDO REFUERZO DE LOS CAÑONES = Le premier et le second renfort des canons.

REGALA, BORDA, SOLERA = Plat-bord.

REGALAS ó BORDAS DEL CORONAMIENTO DE POPA = Termes de vaisseau.

REGAR UN NAVÍO = Abreuver un vaisseau.

REGISTRAR UN APAREJO = Parer un palan.

REGLAMENTOS DE MARINA = Règlemens de marine.

RELINGA = Ralingue.

RELINGA DE CAIDA = Ralingue de chute.

RELINGA DEL GRATIL = Ralingue de têtière *ou* d'envergure, Faix d'une voile.

RELINGA DEL PUJÁMEN = Ralingue de fond.

RELINGAR, FLAMEAR ó TOCAR = Ralinguer, *en parlant d'une voile orientée.*

RELLENAR ó AFELPAR UN PALLETE = Larder un paillet.

RELLENAR ó AFELPAR UNA VELA = Larder une voile.

RELOX DE LONGITUD ó CRONÓMETRO = Garde-temps, Montre marine, Horloge marine.

REMACHAR UN PERNO — River une cheville.

REMATE DEL JARDIN = Jardin des bouteilles.

REMBUJAR UNOS PERNOS = Repousser des chevilles.

REMEROS = Rameurs.
BOTE Á *N* REMEROS = Canot à *N* rameurs.

REMO = Rame *ou* Aviron.
PALA DE UN REMO = Pelle d'aviron.
ARMAR REMOS = Armer les avirons.
IR AL REMO = Aller à l'aviron.
BOGAR Á TODOS REMOS, HALAR ó FORZAR POR LOS REMOS = Faire force de rames, Forcer de rames.
ALZA REMOS! = Lève rames !

REMOLCAR UN NAVÍO = Remorquer un vaisseau, traî-ner un vaisseau en ouaiche, Donner la remorque.

REMOLIN = Tourbillon.

REMOLINO DE VIENTO, DERRAME DE VIENTO, RAZA DE VIENTO = Revolin.
REMOLINO DE AGUA = Puits, tournant de mer.
REMOLINO DE AGUA, AGUAS DEL TIMON = Remoux d'un navire.

REMOLQUE = Remorque.
LLEVAR UN REMOLQUE = Porter une remorque.
LARGAR UN REMOLQUE = Larguer une remorque.
TOMAR AL REMOLQUE = Prendre à la remorque.
CABLE DE REMOLQUE = Cable de remorque.

REMPUJO ó DADO PARA VELERO = Paumelle pour un voilier.

RENDEZ-VOUS = Rendez-vous.

RENDIR = Consentir.

RENDIR UN PALO = Faire consentir un mât, Forcer un mât.

PALO RENDIDO = Mât consenti.

RENDIR ó TUMBAR, *hablando de un barco* = Se coucher, s'incliner, *en parlant d'un bâtiment*.

RENDIR LA GUARDIA = Relever le quart — Changer le quart.

RENDIR EL TIMONEL = Relever le timonier.

REOLINES DE GAVIA = Palans de roulis du grand hunier.

REOLINES DE VELACHO = Palans de roulis du petit hunier.

REORZAR UN NAVÍO = Rallier un vaisseau au vent.

REPARAR EL APAREJO DE UN NAVÍO DESAMPARADO = Réparer le gréement *ou* la voilure d'un vaisseau qui a été désemparé.

REPARTIMIENTOS INTERIORES DE UN NAVÍO = Distribution d'un vaisseau, Emménagemens.

REPETIDOR, BARCO REPETIDOR DE LAS SEÑALES = Bâtiment répétiteur des signaux.

REPETIR LAS SEÑALES = Répéter les signaux.

REPRESALLAS = Représailles.

REPUNTAR = Reverser, *en parlant de la mer.*

REPUNTA LA MAR = La mer reverse.

RESACA = Ressac.

RESALUDAR = Rendre le salut.

RESCATAR = Rançonner.

ESTAR RESCATADO = Être rançonné.

RESCATE = Rançon.

RESERVA, CUERPO DE RESERVA = Corps de réserve.

RESINA = Résine.

RESISTENCIA DEL AGUA = Résistance de l eau.

RESPETO = Rechange.
MASTELERO DE RESPETO = Mât de hune de rechange.
VELA DE RESPETO = Voile de rechange.
XARCIA DE RESPETO = Cordage de rechange.

RESPONDER Á LAS SEÑALES = Répondre à des signaux.

RESTABLECER LA LÍNEA DE COMBATE = Rétablir la ligne de combat.

RESTINGA, ARRECIFE = Banc de roches, Récif, Brisans, Ecueils.

RETAGUARDIA = Arrière-garde.

RETENIDA, TRAPA = Retenue — Corde de retenue.
PALANQUINES DE RETENIDA = Palans de retraite.

RETIRADA DE ARMADA = Retraite d'armée.
ORDEN DE RETIRADA = Ordre de retraite.

RETORNO DE UN NAVÍO = Retour d'un vaisseau.
BARCO EN RETORNO = Bâtiment en retour.

REVÉS, BOLINA DE REVÉS = Bouline de revers.
ESCOTA DE REVÉS = Écoute de revers.
PIEZA DE REVÉS = Alonge de revers.

REVEZA DE CORRIENTE = Remoux du courant.

REVISTA DE TRIPULACION = Revue d'équipage.

REZON = Grapin pour chaloupe.
REZON DE RASTREAR = Croc à quatre branches.
AMARRA DEL REZON = Cableau *ou* Cablot.

RIBERA = Rivage d'une rivière.

RIFAR = Déchirer, *en parlant des voiles.*
EL VIENTO RIFÓ LAS VELAS = Le vent a déchiré les voiles.

RIO = Rivière.

EL HIELO DEL RIO SE ROMPE = La rivière a débâclée.

RIZO = Ris — Garcette de ris.

FAXA DE RIZOS = Bande de ris.

PALANQUINES DE RIZOS = Palanquins de ris.

RIZOS REDONDOS, RIZOS DE CABO = Rabans de ris.

NAVEGAR CON TRES ANDANAS DE RIZOS = Être au bas ris.

TOMAR UN RIZO ó RIZOS = Prendre un ris *ou* des ris.

ROBAR ARENILLA = Manger du sable.

ROCA, PIEDRA = Roche.

ROCIADA = Coup de mer.

RODA = Brion *ou* Ringeot.

ALBITANA DE LA RODA = Contre-brion, pièce de renfort placée intérieurement.

PIE DE LA RODA = Écart du brion avec la quille.

RODA DEL BRANQUE ó GORJA = Taquet de gorgère.

ROLDANA = Rouet *ou* Réa d'une poulie.

ROLDANAS DE PALO SANTO CON ALMAS DE BRONCE = Rouets de gayac à dés de fonte.

ROLE = Rôle d'un bâtiment marchand.

ROLI, APAREJOS DE ROLI, APAREJOS DEL PENOL ó APAREJOS DE BALANCE = Palans de roulis des basses vergues.

ROMPER = Déferler.

ROMPE LA MAR = La mer déferle.

ROMPER UN PALO = Rompre un mât.

ROMPER, CORTAR UNA VERGA AL ENEMIGO = Désemparer l'ennemi d'une vergue.

ROMPER UNA LÍNEA = Rompre une ligne.

ROMPER EL FUEGO = Commencer le feu.

RONZAR = Roncer.

Ir á la ronza ó sotaventarse = Tomber sous le vent, Dériver.

ROÑADA, guirnalda sobre las vergas ó palos = Bourrelet sur les vergues *ou* sur les mâts, Sauverabans.

ROSA de la aguja = Rose de compas *ou* de la boussole.
  Ligadura de rosa = Bridure de rose.
  Rosa de los pilotos = Renard des pilotes.
  Rosa de la corredera = Ouaiche, *marque depuis laquelle on compte les nœuds de la ligne de loch.*

ROSETA ó rosa (*voyez* rosa).

ROZAR, estar rozando = Raguer, être en étrive.

RUEDA = Rouet, Tour, Retorsoir.
  Rueda del timon = Roue de gouvernail.

RUERNO, barco ruerno = Bâtiment patache, lourd, mauvais marcheur.

RUMBO de un barco = Route d'un bâtiment.
  Gobierna al rumbo! = A la route!
  Rumbo aparente = Route apparente.
  Rumbo directo = Route directe.
  Rumbo obliquo = Route oblique.
  Rumbo estimado = Route estimée.
  Rumbo verdadero ó rumbo corregido de abatimiento y variacion de la aguja = Route corrigée de la dérive et de la variation de l'aiguille.
  Hacer falso rumbo = Faire fausse-route.
  Rumbo de viento = Rumb de vent, Aire de vent.
  La piedra está á tal rumbo = La roche gît à tel aire de vent.
  Rumbo de madera = Rombaillet *ou* Romaillet.
  Rumbo sobresano = Romaillet à demi-bois.

SABRE, ALFANGE = Sabre.

SACABUCHE = Pompe à bâton, Pompe à main.

SACATRAPOS = Tire-bourre.

SACOS ó TACOS DE ESTOPA PARA LOS ESCOBENES = Sacs de toile remplis d'étoupe pour faire l'office de tampons d'écubier.

SAETIA = Trabaque, *sorte de bâtiment en usage sur la Méditerranée.*

SAGA = Marque de la ligne de loch.

SAICA = Saïque, *espèce de bâtiment turc.*

SALADURAS = Salaisons.

SALAR LA PIPERÍA = Engraver les plans de barriques.

SALIDA = Départ.

PUNTO DE SALIDA = Point de départ, Point de partance.

SALIR Á LA MAR, SALIR DE UN PUERTO, SALIR AFUERA, ECHARSE AFUERA = Sortir d'un port — Mettre à la mer — Mettre dehors.

SALIR FUERA DE CABOS = Décaper, Se mettre au large.

SALIR DEL BERIL ó DEL CANTIL DEL BANCO = Débanquer, quitter les accores d'un banc.

SALIR DEL EMPEÑO DE LA COSTA = Se relever de la côte.

SALIR Á BARLOVENTO = Gagner dans le vent.

SALIR DE LA LÍNEA = Sortir de la ligne.

SALLAR ó HALAR Á LA LEVA LEVA = Sailler, Haler main sur main.

SALLA! OH, SALLA! = Saille! oh, saille!

SALLAR AFUERA LA ARTILLERÍA = Mettre la batterie aux sabords.

Saltar ó halar bolinas = Sailler les boulines.

SALOMAR = Donner la voix, *chanter pour faire effort ensemble.*

SALTAR á la banda = Passer sur le bord, *soit par honneur, soit pour travailler.*
 Salta gente á la banda ! = Passe du monde sur le bord !
 Saltar á tierra = Descendre à terre.

SALTO, dar salto á las bolinas = Choquer les boulines.
 Salto al boliche de velacho ! = Choque la bouline du petit hunier !

SALUDAR, hacer salva = Saluer, Faire une salve.
 Saludar con la voz = Saluer de la voix.

SALUDO, salva = Salut.

SALVA de artillería = Salve d'artillerie (*voyez* saludar.
 Hacer salva de *N* cañonazos = Saluer de *N* coups de canon.

SALVACHIA = Erse, Sbire *ou* Elingue.

SALVAR = Sauver.

SANTA BARBARA = Sainte-barbe.

SANTO, el santo = Le mot d'ordre.

SAQUETES de metralla = Saquets de mitraille.

SARGASO = Gouesmon, Varech.

SARPAR (*voyez* zarpar).

SAULA = Commande en ligne refaite.

SEBO, dar sebo = Donner un suif.

SECA, verga seca = Vergue sèche *ou* barrée.

SECAR, PONER LAS VELAS Á SECAR = Mettre les voiles au sec.

SECO, NAVEGAR Á PALO SECO = Courir à sec, Courir à mâts et à cordes.

SEGUIR LA VUELTA = Prolonger la bordée.

SEGUNDO DE UN BARCO = Le second d'un bâtiment.

SEGURO = Assurance.

SENO DE UN CABO = Mou d'un cordage.
    COGER EL SENO DE UN CABO = Rabraquer le mou d'un cordage.
    COGER EL SENO DE UNA AMARRA = Rabraquer le mou d'une amarre.
    EL SENO DE UNA VELA = Fond d'une voile, la toile qui reste lorsque la voile est déjà ferlée tribord et bâbord.

SEÑAL = Signal.
    SEÑAL DE ATENCION = Signal d'attention (*voyez aussi* SEÑAL DE INTELIGENCIA).
    SEÑAL DE COMBATE = Signal de combat.
    SEÑAL DE DISTINCION = Signal de distinction.
    SEÑAL DE INCOMODIDAD = Signal d'incommodité, de détresse.
    SEÑAL DE INTELIGENCIA = Signal d'attention, oui.
    SEÑAL PARA LLAMAR UN BOTE Á BORDO = Signal d'appel d'un canot à bord.
    SEÑAL DE PARTIDA = Signal de partance.
    SEÑAL DE UNION = Signal de ralliement.
    SEÑAL DE FUEGO SOBRE LA COSTA = Feu sur la côte.

SEÑALES = Signaux.
    SEÑALES AL ÁNCLA = Signaux à l'ancre.

Señales de anulacion = Signaux d'annulement de signaux.

Señales con banderas = Signaux avec des pavillons.

Señales con cañonazos = Signaux avec des coups de canon.

Señales con cohetes = Signaux avec des fusées.

Señales de derrota = Signaux de route.

Señales de dia = Signaux de jour.

Señales con faroles ó fuegos = Signaux avec des fanaux *ou* des feux.

Señales de niebla ó de bruma = Signaux de brume.

Señales de noche = Signaux de nuit.

Señales numerarios = Signaux numéraires.

Señales de reconocimiento = Signaux de reconnoissance.

Libro de señales = Libre de signaux.

Señales de la corredera = Nœuds de la ligne de loch.

El navío corre doce señales = Nous filons douze nœuds.

SEPARACION = Séparation.

SEPARADO, estar separado ó derivado de los otros navíos con los quales se iba de conserva = Être efiloté *ou* écarté des vaisseaux avec qui l'on alloit de compagnie.

SER llevado de las corrientes = Être emporté par les courants.

Ser porron = Être mauvais voilier.

Ser del porte de N cañones = Être du port de N canons.

Ser retenido en un puerto por los vientos

CONTRARIOS = Être retenu dans un port par les vents contraires *ou* par le mauvais temps.

SER ZAPATERO = Avoir le pied marin.

NO SER ZAPATERO = Ne pas avoir le pied marin.

SERENI = Petit canot.

SERRADOR = Toupin *ou* Cochoir.

SERROTE, SIERRA DE MANO = Scie à tenon, Scie à poing, Scie à main.

SERVIOLA = Bossoir, *toutes les pièces de bois qui forment le bossoir.*

PESCANTE DE LA SERVIOLA = La partie du bossoir qui fait saillie en dehors et au bout de laquelle sont les réas pour le garant de capon.

IZAR EL ÁNCLA Á LA SERVIOLA = Caponer l'ancre.

SERVIOLETA *ó* PESCANTE DE LA AMURA = Bout-de-lof, Porte-lof *ou* Minois.

SEXTANTE = Sextant.

SIERRA = Scie.

SIERRA BRACERA = Scie à refendre.

SIERRA PARA CORTAR HIERRO = Scie à couper les bouts des chevilles.

SIERRA PARA ASERRAR AL HILO = Scie à scier de long.

SIERRA DE MANO = Scie à tenon, Scie à poing, Scie à main.

SILLA MARINA = Chaise marine.

SIRGAR, HALAR POR LA SIRGA = Haler à la corde.

SOBRE = Sur.

ESTAR SOBRE EL COSTADO = Être sur le côté.

ESTAR SOBRE LAS PIEDRAS = Être sur les roches.

SOBRECAMARA, CONSEJO DE CÁMARA = Chambre de conseil.

SOBRECARGA = Super-cargue.

SOBRECARGAR = Surcharger.

Navío sobrecargado — Vaisseau surchargé.

SOBRECEBADERA, contracebadera ó contracebo = Contre-civadière, perroquet de beaupré.

SOBREDURMIENTE de los baos = Fourrure de goutière.

SOBREJUANETE = Catacoi, Perroquet volant.

Sobrejuanete mayor = Grand catacoi.

Sobrejuanete de proa = Petit catacoi.

Sobrejuanete de periquito = Catacoi de perruche.

Sobrejuanete volante = Contre-catacoi.

SOBREMESANA = Perroquet de fougue.

Mastelero de sobremesana = Mât de perroquet de fougue.

Verga de sobremesana = Vergue de perroquet de fougue.

SOBRE-MUÑONERA = Platte-bande de canon.

SOBREPLANES ó bularcamas = Porques.

SOBREQUILLA, carlinga = Contre-quille, Carlingue.

SOBRESANO, rumbo sobresano, forro sobresano = Romaillet à demi-bois, Fourrure en bois.

SOCAIRE, aguantar socaire = Tenir en retour, Tenir bon dessous voile.

Al socaire de la costa = Sous le vent de la côte, à l'abri de la côte.

SOCOLLADAS, dar socolladas ó gualdropear = Battre le mât, Fouetter le mât.

SOFORRO = Mouton, lorsque la mer commence à s'agitter.

SOLDADA DE LOS MARINEROS = Mois de gages, Solde des marins.

SOLDADOS DE MARINA *ó* TROPAS DE MARINA = Soldats de marine *ou* Troupes de marine.

SOLLADO = Faux-pont.

SOLLADO *ó* ENTARIMADO = Toute espèce de plate-forme faite dans la cale d'un bâtiment.

SOLLADO DE LOS CABLES, PAÑOL DE LOS CABLES = Fosse aux cables — Plate-forme des cables.

SOMBRERO, CAPA = Chapeau de Capitaine, Droit de chapeau.

SOMBRERO DEL CABRESTANTE, CABEZA DEL CABRESTANTE = Capot, Noix *ou* Tête du cabestan.

SOMBRERO DE LA BOMBA = Capot qui recouvre la roue d'une pompe à chapelet.

SONDA, TOMAR LA SONDA = Être *ou* Arriver sur la sonde.

SONDALEZA = Ligne de sonde, Sonde.

SONDALEZA DE BOMBA = Sonde de pompe.

SONDAR *ó* SONDEAR = Sonder, Jeter la sonde.

SONDAR LA BOMBA = Sonder la pompe.

SONDAR MADERA = Sonder une pièce de bois.

SORDA, MAR SORDA, MAR DE PIE, MAREJADA = Houle, Lame sourde.

SOSTENERSE CONTRA LA CORRIENTE = Se soutenir contre un courant — Étaler un courant.

SOTAVENTARSE, IR Á LA RONZA = Tomber sous le vent, Dériver.

SOTAVENTO = Sous le vent.

NAVÍO Á SOTAVENTO = Vaisseau sous le vent.

SOTEOZO = Fusée, pour fusée d'essieu.

Sотrozоs *ó* pernadas para jareta del pie de las arraigadas = Quenouilletes de trélingage.

SUBIR un rio, ir rio arriba = Remonter une rivière.

Subir un rio bordeando = Remonter une rivière en bordeyant.

Subir con la marea = Remonter avec la marée.

SUD *ó* sur = Sud.

Viento sud *ó* sur = Vent de Sud.

Sud quarto sud-oeste = Sud quart au Sud-Ouest.

Su-sud-oeste = Sud Sud-Ouest.

Sud-oeste quarto al sud = Sud-Ouest quart de Sud.

Sud-oeste = Sud-Ouest.

Sud-oeste quarto al oeste = Sud-Ouest quart d'Ouest.

Oes-sud-oeste = Ouest Sud-Ouest.

Oeste quarto al sud-oeste = Ouest quart Sud-Ouest.

SUELA = Herminette, *sorte de hache.*

SUELDO *ó* soldada de los marineros = Solde des marins.

SUERTE = Brin d'un cordage.

Xarcia de primera suerte = Cordage de premier brin.

Xarcia de segunda suerte = Cordage de second brin.

SUJECION á la embarcacion ! = En route *ou* Défie les embardées !

SUJETAR un palo = Assujétir un mât.

Sujetar la arboladura = Assujetir la mâture.

SUJUNCAR *ó* alastrar un navío = Lester un vaisseau, placer le lest en pierre *ou* en fer.

SULCAR (*voyez* SURCAR).

SUNCHO = Cercle— Toute pièce en fer, ronde *ou* quarrée, qui sert à tenir réunies des pièces d'assemblage.

SUNCHO DE BISAGRA = Cercle à charnière.

SUNCHO PARA BOTALON DE ALAS = Cercles d'en dedans pour bout-dehors.

SUNCHO DE COFA = Cercle de hune.

SUNCHO EN LA FOGONADURA DEL CABRESTANTE = Cercle d'étambrai de cabestan.

SUNCHO DE MOLINETE EN EL PENOL = Cercle de bout-dehors au bout de la vergue à rouleau.

SUNCHOS DE LA BOMBA = Cercles de pompe.

SUNCHOS DE CABRESTANTE = Cercles de cabestan.

SUNCHOS DEL CEPO = Cercles de jas d'ancre.

SUNCHOS DE PALO = Cercles de mât.

SUNCHOS DE LOS PALOS MAYORES = Cercles des bas mâts.

SUNCHOS DE PUNTALES = Cercles d'épontilles.

SUNCHOS DE VERGA = Cercles de vergue.

SUR ó SUD (*voyez* SUD).

SURCAR, CINGLAR = Cingler, Naviguer.

SURGIDERO = Mouillage.

BUSCAR SURGIDERO = Chercher un mouillage.

IR AL SURGIDERO = Aller au mouillage.

ESTAR AL SURGIDERO = Être au mouillage.

NAVÍO EN SURGIDERO = Vaisseau au mouillage.

SURGIR = Franchir la lame.

SURGE EL BOTE = Le bateau franchit la lame.

SUSPENDER LAS VUELTAS POR ARRIBA DEL CABRESTANTE = Reprendre au cabestan lever les tours en haut.

TABLA = Bordage, planche plus *ou* moins épaisse.

TABLA AVENTADA = Bordage qui a largué.

TABLA COSTERA = Croûte, planche.

TABLA PARA DESEMBARCAR DE UN BOTE, PLANCHA = Planche pour débarquer d'un canot.

TABLA LEVADIZA *ó* TABLA DE QUITA Y PON = Pont volant.

TABLAS DE LOS CANTOS DEL PANTOQUE = Bordages des fleurs du vaisseau.

TABLAS ENTRE LAS CINTAS = Bordages d'entre les préceintes.

TABLAS DEL COSTADO ENTRE LA CINTA DE CADENA Y LA REGALA = Les bordages du vibord *ou* les bordages entre la dernière préceinte et le plat-bord.

TABLAS DE LAS CUBIERTAS = Bordages des ponts.

TABLAS DEL EMPAÑADO = Bordages du vaigrage — Vaigres.

TABLAS POCO GRUESAS = Bordages minces.

TABLAS DE GUINDOLA = Planches pour faire un échafaud en triangle.

TABLAS LEVADIZAS PARA LAS GRUERAS DE LAS VARENGAS = Parcloses *ou* Paracloses.

TABLAS UNIDAS CON LOS CANTOS DE MANERA QUE HACEN UNA COSTURA ORDINARIA = Border en carvelle, à joints carrés.

QUITAR UNAS TABLAS, QUITAR *ó* ZAFAR TABLAS = Délivrer des bordages — Découdre des bordages.

TABLAS DE XARCIA = Haubans d'un bâtiment.

TABLAZON = Franc-bord, Bordage, *en parlant en général.*

TABLAZON EXTERIOR É INTERIOR DEL FONDO DEL NAVÍO = Les bordages et les vaigres du fond du vaisseau.

TODA LA TABLAZON DEL PANTOQUE ESTÁ PASADA DE BROMA = Tous les bordages du petit fond sont piqués de vers.

TABLILLA DE AFORRAR = Minahouet.

TABLON, TABLON GRUESO = Plançon, *bordage épais* — Madrier.

TABLONES DEL FORRO EXTERIOR DE UN NAVÍO = Bordages des côtés extérieurs d'un vaisseau.

TABLONES DEL PANTOQUE ó DEL FONDO DEL NAVÍO = Bordages de fond.

TACHUELAS DE BOMBA = Clous à pompe.

TACO ó MOLDURA ENTRE LAS CURVAS BANDAS = Remplissage entre les jottereaux, Frise de l'éperon.

TACO PARA CAÑON = Valet pour canon.

TACO DE LINGUETE = Traversin de linguet.

TACOS PARA ESCOBENES = Tampons d'écubiers.

TACOS BAXO LOS ESCOBENES = Fourrures d'écubiers, Coussins d'écubiers.

TACOS DE LAS TRINCAS DEL BAUPRÉS = Taquets de liúres de beaupré.

TACOS DE COFA = Taquets de hune.

TACOS REDONDOS, ARCOS DE LEÑO = Taquets ronds, Anneaux dé bois.

TACOS SIMPLES, CUÑOS = Taquets simples, Taquets en grain d'orge.

TACTICA NAVAL = Tactique navale.

TAJAMAR = Gorgère *ou* Taille-mer, Guibre, Éperon.

TAJUELO DEL CABRESTANTE = Saucier *ou* Écuelle du cabestan, *plaque de fer sur laquelle repose le pivot du cabestan.*

TALADRO DEL CENTRO DE LA AGUJA ó CHAPITEL = Chape de la boussole.

TAMBORETE = Chouquet.

TAMBORETE MAYOR = Chouquet du grand mât.

TAMBORETE DE TRINQUETE = Chouquet de misaine.

TAMBORETE DE MESANA = Chouquet d'artimon.

TAMBORETE DEL BAUPRÉS = Chouquet de beaupré.

TAMBORETE DEL MASTELERO DE VELACHO = Chouquet du mât de hune d'avant.

TAMBORETE DEL MASTELERO DE GAVIA = Chouquet du grand mât de hune.

TAMBORETE DE SOBREMESANA = Chouquet du perroquet de fougue.

TAMBORETE DE LA ASTA DE BANDERA = Chouquet du bâton de pavillon.

TAPA BALAZO = Placart, Tampon, *en bois ou en plomb pour boucher un trou de boulet.*

TAPAR UNA AGUA, COGER UNA AGUA = Aveugler une voie d'eau — Boucher, Étancher une voie d'eau.

TAPAS, CORCHOS, TACOS = Bouchons, Tampons *ou* Tapes, Valets.

TAQUETES ó TOJINOS POR LOS CLAVOS = Taquets de clous.

TAQUILLA, ALACENA = Équipet.

TARTANA = Tartane.

TEA DEL ÁNCLA = Diamant d'une ancre.

TEJA DE UNA GIMELGA = La partie concave d'une jumelle.

TEJAS DE UNA LANCHA DE UN BOTE = Chandeliers d'une chaloupe, d'un canot.

TELERA = Rateau de poulie, Baraquette.

TELERA PARA PERIGALLO = Hernier *ou* Bois d'araignée.

TELERON DE UNA CUREÑA = Entre-toise d'un affût de canon.

TEMPORAL, TORMENTA, BORRASCA = Tempête, Coup de vent, Gros coup de vent.

TENAZA = Tenaille — Pince-balle.

TENAZA PARA ENCORVAR TABLONES = Tenaille de bois.

TENAZA PARA TIRAR LOS PERNOS DE UN NAVÍO = Tenaille à arracher les chevilles d'un vaisseau.

TENER UNA AGUA = Avoir une voie d'eau.

TENER EL ÁNCLA COLGADA = Avoir l'ancre en créance.

TENER UNA BAHÍA ABIERTA = Ouvrir une baie, une rade, Être à l'ouvert d'une baie.

TENER UN PUERTO ABIERTO = Être à l'ouvert d'un port.

TENER VIENTO POR LA PROA = Être vent devant.

TENER VIENTO Á FILO DE RODA = Être droit vent devant.

TENER CRUZ EN LOS CABLES = Avoir un demi-tour dans les cables.

TENER VUELTAS EN LOS CABLES = Avoir des tours dans les cables.

TENER EL PARCHAMENTO ENCIMA = Avoir toutes les voiles sur le mât, lorsqu'on a fait chapelle — Être masqué, avoir tout sur le mât.

TENER FALSO BORDO = Avoir les voiles sur le mât, *en parlant des barques latines qui courent le faux-bord.*

TENER JUEGO = Jouer, Avoir du jeu.

TENIENTE GENERAL DE MARINA = Vice-Amiral.

TENIENTE DE NAVÍO = Lieutenant de vaisseau.

Nota. En la marina francesa no hay Tenientes de fragata, los Tenientes de navio hacen sin distincion el servicio á bordo de un navío como al de una fragata.

TENIENTE DE TROPAS DE MARINA = Lieutenant de troupes de marine.

TERMINOS DE MARINA = Termes de marine.

TESTIGOS DE UNA PIEZA DE XARCIA = Les témoins d'une
    pièce de cordage.

TIEMPO = Temps.
    BUEN TIEMPO = Beau temps.
    MAL TIEMPO = Mauvais temps.
    TIEMPO BONANCIBLE = Temps calme.
    TIEMPO BORRASCOSO = Temps de grains.
    TIEMPO DURO = Gros temps *ou* Temps venteux.
    TIEMPO EMBROMADO, TIEMPO DE NIEBLA = Temps
        gras, brumeux.
    TIEMPO CARGADO DE NIEBLA = Temps embrumé.
    TIEMPO MANEJABLE = Temps maniable.
    TIEMPO POCO MANEJABLE, TIEMPO DURO = Temps peu
        maniable.
    EL TIEMPO *ó* EL VIENTO ABONANZA = La tempête cesse,
        s'appaise.

TIERRA = Terre.
    FALSO VISAGE DE TIERRA = Terre de beurre.
    TIERRA ALTA = Terre haute, Grosse terre.
    TIERRA CARGADA = Terre embrumée.
    TIERRA Á BARLOVENTO = Terre au vent.
    TIERRA Á SOTAVENTO = Terre sous le vent.
    ACERCARSE DE LA TIERRA = Courir sur la terre.
    ARRIBAR Á TIERRA = Arriver à terre.
    PERDER LA TIERRA DE VISTA, LA TIERRA SE PIERDE
        DE VISTA, SE OBSCURECIO LA TIERRA = Noyer la
        terre, la perdre de vue — La terre se perd de vue.
    PROLONGAR LA TIERRA = Élonger la terre.
    RECONOCER LA TIERRA = Reconnoître la terre.
    VIENTO DE TIERRA = Vent de terre — Brise de terre.

TIEZAR *ó* TEZAR = Abraquer, Roidir.
    TIEZAR LOS OBENQUES, TIEZAR LA OBENCADURA =

Rider les haubans — Tenir les grès — Reprendre les haubans.

TIJERA = Tenon des bigues.

TIMON = Gouvernail.

ARANDELA DEL TIMON = Braie d'en dedans du gouvernail.

AZAFRAN DEL TIMON = Safran du gouvernail.

CABEZA DEL TIMON = La tête du gouvernail.

BRAGUERO *ó* BOZA DEL TIMON = Brague du gouvernail.

CAÑA DEL TIMON = Barre du gouvernail.

ESTROBO DEL TIMON = Herse de gouvernail.

FORRO DEL TIMON = Doublage du gouvernail.

GUARDATIMON = Sauve-garde du gouvernail.

HEMBRAS DEL TIMON = Fémelots de gouvernail.

LIMERA DEL TIMON = Jaumière *ou* Étambrai du gouvernail.

MACHOS DEL TIMON = Éguillots du gouvernail.

MACHOS Y HEMBRAS DEL TIMON = Ferrures de gouvernail.

MADRE DEL TIMON = Mèche du gouvernail.

MORTAJA DEL TIMON = Mortaise du gouvernail.

RUEDA DEL TIMON = Roue du gouvernail.

EL TIMON TOCA = Le gouvernail touche.

METER EL TIMON, CALAR EL TIMON = Monter le gouvernail.

DESMONTAR *ó* QUITAR EL TIMON = Démonter le gouvernail.

DESMONTAR *ó* QUITAR LA CAÑA DEL TIMON = Démonter la barre du gouvernail.

TIMONEL = Timonier.

MANDAR AL TIMONEL = Commander au gouvernail *ou* au timon.

TINA = Baille.

Una pequeña tina = Une petite baille.

Tina de alquitran = Auge à goudron.

Tina de combate = Baille de combat.

Tina de driza = Baille à drisse *ou* Cage à drisse.

Tina de la sondaleza = Baille de sonde.

TINAJA del tamborete = Trou *ou* Mortaise dans laquelle s'encastre le ton du mât.

TIPLE, palo tiple = Mât à pible.

TIRA de un aparejo = Le courant du garant d'un palan.

TIRAMOLLAR, arriar, lascar, largar un cabo, un aparejo, etc. = Affaler, Larguer un cordage, un palan, etc.

TIRAR un cañonazo = Envoyer *ou* Tirer un coup de canon.

Tirar por descargas de cañonazos = Tirer par volées.

Tirar la pieza de leva = Tirer le coup de canon de partance.

TIRAVIRA = Trévire.

TIRO, cañonazo = Coup de canon.

Tiro con bala ó palanqueta = Coup à boulet *ou* à mitraille.

Tiro con bala raza para provar las piezas = Coup d'épreuve.

Tiro baxo del horizonte = Coup sous la ligne horizontale.

Tiro fuera de puntería = Coup en arc.

Tiro de mayor alcance ó por 45 grados de elevacion = Coup à portée entière *ou* à toute volée.

Tiro de la pieza de leva = Coup de canon de partance.

Tiro con pólvora, tiro ciego = Coup à poudre.

Tiro de punto en blanco *ó* razo de metales = Coup de but en blanc.

Tiro de ricochete = Coup à ricochet, boulet sourd.

Tiro para venir á voz = Coup à héler un vaisseau.

Estar á tiro de cañon = Être à portée de canon.

Estar á medio tiro de cañon = Être à demi-portée de canon.

Estar á tiro de pistola = Être à portée de pistolet.

TOCAR, picar la campana = Sonner la cloche.

Tocar, dar culadas = Donner un coup de talon, Talonner.

Tocar encima de una piedra = Toucher *ou* Échouer sur une roche.

Tocar, flamear = Fasier *ou* Faseyer.

Poner á tocar *ó* flamear = Mettre à fasier *ou* en ralingue.

Tocan *ó* flamean las velas = Les voiles faseyent.

No tocar, no orzar mas = Défier du vent.

TODOS juntos! = Tous d'un temps!

TOJINO = Taquet, *soit qu'il soit cloué, soit qu'il soit pratiqué sur une vergue ou sur la tête d'un mât pour soutenir un raban d'envergure ou un capelage* — *Toute espèce de* taquet *dont on se sert pour empêcher quelque chose d'aller au roulis.*

Tojinos de las bitas = Taquets des bittes.

Tojinos de las carlingas = Taquets des flasques.

Tojinos por los clavos = Taquets de cloux.

Tojinos de los linguetes = Taquets des élinguets.

Tojinos del penol = Taquets de bout de vergue *ou* de pointure de ris.

Tojinos de racamento = Taquets de racage.

Tojinos de remos, toletes = Taquets de nage, Dames, Tolletières.

TOLDILLA = Dunette.

TOLDO = Tente.

TOLDO PARA UN BOTE = Tendelet, Tente de nage pour un canot.

TOLDO DE BAYBEN, RED DE COMBATE = Casse-tête.

TOLETE = Tolet de nage, Échaume.

TOMADOR DE CRUZ = Couillard d'une voile.

TOMADORES = Rabans de ferlage.

TOMADORES DE BANDERA = Rabans de pavillon.

TOMAR = Prendre.

TOMAR ALTURA, TOMAR LA ALTURA DEL SOL = Prendre hauteur, Observer la hauteur du soleil.

TOMAR POR AVANTE, TOMAR POR DELANTE, TOMAR POR LA LUA = Prendre vent devant, Masquer, Faire chapelle.

TOMAR BITADURA = Prendre le tour de bitte.

TOMAR COCA = Faire une coque.

TOMAR POR DELANTE (*voyez* TOMAR POR AVANTE).

TOMAR DISTANCIA DEL MARGEN DEL SOL AL DE LA LUNA = Prendre une distance du soleil à la lune.

TOMAR LA EMPUÑIDURA = Prendre l'empointure *ou* la pointure d'un ris.

TOMAR POR LA LUA (*voyez* TOMAR POR AVANTE).

TOMAR MARGARITA = Prendre *ou* Faire tour mort sur le cable avec la tournevire.

TOMAR UN RIZO *ó* RIZOS = Prendre un ris *ou* des ris.

TOMAR LA SONDA = Être *ou* Arriver sur la sonde.

TOMAR EL VIENTO = Prendre le vent.

TOMAR LA VUELTA DE TIERRA, RECALAR SOBRE LA TIERRA = Prendre la bordée de terre, Rallier la terre.

TOMAR LA OTRA VUELTA *ó* CAMBIAR LA AMURA = Changer de bord *ou* d'amure.

Ir á tomar puerto = Gagner le mouillage.

TONELADA = Tonneau.

   Nota. La *tonelada* española pesa 2000 libras, peso de Castilla; es menester 107 libras de Castilla para hacer un quintal de Francia.

Barco de trescientas toneladas = Bâtiment de trois cents tonneaux.

TONELERO, cubero = Tonnelier.

TOP! topo! = Top!

TOPE, diente = Adent, entaille pour assurer la jonction de deux pièces de bois.

Tope de un palo, espiga de un palo = Tête d'un mât.

El tope de los masteleros donde está el reclame = La tête des mâts de hune.

Estar de tope = Être en vigie au haut d'un mât.

TOQUILLA, alacena = Équipet.

TORMENTOSO, barco tormentoso = Bâtiment qui se tourmente.

TORNAJO = Auge pour la meule à aiguiser.

TORNERIA, obrador de tornería ó motonería = Atelier de poulierie.

TORNILLO = Vérin.

TORTON = Trésillon.

Trincar con torton = Trésilloner.

TRABAJAR = Fatiguer — Tourmenter.

Trabaja el barco = Le bâtiment fatigue.

Trabajar á la línea, linear, agalibar = Mettre une pièce de bois d'équerrage, la mettre de proportion — Équerrer.

TRAER á bordo = Mettre à bord.

TRAGANTE DEL BAUPRÉS ó DESCANSO DEL BAUPRÉS = Coussin de beaupré.

TRANCANIL — Goutière.

TRANSBORDAR = Reverser, mettre d'un bâtiment sur un autre.

TRANSPORTE, BARCO DE TRANSPORTE = Bâtiment de transport.

TRANSPORTE DE MERCANCÍAS POR MAR = Transport de marchandises par mer.

TRAPAS, CARLOAS = Attrapes, *deux forts palans employés dans la manœuvre d'abattre un vaisseau en carène.*

TRAPAS PARA APAGAR UNA VELA = Égorgeoirs, fausses cargues pour étouffer une voile, Saisines.

TRAPO, IR CON TODO EL TRAPO LARGO = Aller à toutes voiles.

TRAVAR ó EMPEÑAR UN COMBATE = Engager un combat.

TRAVES, ESTAR DE TRAVES CON UN BARCO = Être par le travers d'un bâtiment.

ESTAR AL TRAVES ENTRE LAS OLAS = Être à travers des lames.

ESTAR EN TRAVES = Venir en travers.

TRAVESIA, VIAGE = Traversée, Voyage.

TRAVESÍA ó CONTRASTE DE VIENTO = Saute de vent.

TREO, VELA DE TREO ó VELA DE FORTUNA = Voile de tréou — Taille-vent, *voile d'un chasse-marée.*

TRINCAFIA = Nœud à merliner, Demi-clef.

TRINCAFIAR, EMPALOMAR = Embromer, Merliner.

TRINCAFIAR UN CATRE = Transfiler un cadre.

TRINCAR, TIEZAR = Rider, Saisir, *en général.*

TRINCAR, ARREATAR = Rouster *ou* Faire une rousture.

TRINCAR LA LANCHA Á BORDO = Risser la chaloupe sur le pont.

TRINCAR UN NAVÍO CON TORTORES Ó PONER TORTORES = Ceintrer un vaisseau qui s'ouvre.

TRINCAR CON TORTON = Trésilloner.

TRINCAS DEL BAUPRÉS = Liûres de beaupré.

TRINCAS DEL CEPO DEL ÁNCLA = Roustures du jas d'ancre.

TRINCAS DE LAS COLUMNAS DE LOS BAZOS = Les roustures du ber.

TRINCAS DE CULATA Ó TRINCAS DE MUÑON = Rabans de bouton de culasse.

TRINCAS DE JOYA = Rabans de volée pour saisir les canons.

TRINCAS Ó JARETAS PARA OBENQUES = Pantoquières, *palans avec lesquels on lace les haubans de tribord à bâbord quand ils ont pris du mou.*

TRINCHAS DE DESGUAZAR = Grands ciseaux plats pour délivrer les bordages.

TRINCHERA = Bastingage pour mettre à l'abri des coups de feu.

TRINCHERAR UN NAVÍO, HACER TRINCHERAS = Bastinguer un vaisseau.

TRINELA = Petite tresse en trois.

TRINQUETE = Misaine.

PALO DE TRINQUETE = Mât de misaine.

VERGA DE TRINQUETE = Vergue de misaine.

VELA DE TRINQUETE = Voile de misaine.

PONER EL TRINQUETE AL PAJARIL = Mettre la misaine au petit bossoir.

COFA DE TRINQUETE = La hune de misaine.

Las mesas de cuarnicion del trinquete = Les porte-haubans de misaine.

TRINQUETILLA ó vela de estay de trinquete = Petit foc *ou* Trinquette, Tourmentin.

TRIPULACION de un barco = Équipage d'un bâtiment — Armement en équipage.

TRIPULAR un navío = Armer un vaisseau, lui donner son équipage — Équiper un vaisseau en hommes seulement.

Tripular una presa = Amariner une prise.

TROCAR, trincar ó pellizcar el viento, ceñir el viento = Chicaner le vent.

TROMBLON, espingarda = Espingole.

TRONERA = Meurtrière.

TROZA = Drosse.

Troza de mesana = Drosse d'artimon *ou* Drosse de racage d'artimon.

TROZO de cable = Bout de cable.

Trozo de cabo = Bout de corde.

TUBO superior de la bomba = Corps de dégorgement de la pompe.

TUMBAR, rendir, dar á la banda = Donner à la bande — Se coucher, s'incliner — Plier.

Estar tumbado = Être sur le côté, Être à la bande.

TUNGA ó andana de pipas = Plan de barriques dans une cale.

Primera tunga ó primera andana = Premier plan.

TURBONADA fuerte = Grain pesant.

Turbonada de viento acompañada de relámpagos y truenos = Grain d'orage, Grain orageux.

UCARO = Houcre.

UNION = Ralliement général et absolu.
SEÑAL DE UNION = Signal de ralliement.
UNION DE DOS ARMADAS = Jonction de deux armées.
LA UNION DE LAS PIEZAS = Liaisons.

UNTAR CON GRASA = Graisser les mâts et manœuvres.

UÑA DEL ÁNCLA, PICO DEL ÁNCLA, POSTA DEL ÁNCLA
Bec *ou* Aile de l'ancre, Patte d'ancre.
UÑA DEL REZON = Patte d'un grapin.
UÑA PARA LA CAÑA DEL TIMON = Crapaud pour la
barre du gouvernail.
BOZA DE UÑA = Serre-bosse.

URACAN *ó* HURACAN, TURBONADA = Tourmente,
Ouragan, Tempéte.

URCA = Flûte, Gabarre, Hourque.
ESTAR DE URCA = Être armé en flûte.

URDIR UN CABO = Ourdir une corde.

USILLO, GATO, TORNILLO = Vérin, *espèce de cric.*

USOS Y COSTUMBRES DE LA MAR = Us et coutumes de
mer.

USTAGA = Itague.
USTAGA DE TRINQUETE = Itague de drisse de misaine.
USTAGA DE GAVIAS = Itague de drisse des huniers.
USTAGA DE LOS JUANETES = Itague de drisse des per-
roquets.
BOZA DE USTAGA = Fausse-itague.

VA, ALLÁ VA CON DIOS! = A-dieu-va!

VACIANTE (LA) = Ebe *ou* Jusant.

VACIAR = Baisser, *en parlant de la mer.*
   VACIA LA MAR, EL AGUA VACIA = La mer descend,
La mer baisse.

VACUAR = Cajoler, descendre une rivière, se laisser aller en profitant du courant.

VAINA DE UNA BANDERA = Gaine *ou* Gainette d'un pavillon.

VALDEAR ó BALDEAR UN NAVÍO = Laver un vaisseau.
   VALDEAR ó BALDEAR LA CUBIERTA = Laver le pont.

VANGUARDIA, AVANGUARDIA = Avant-garde.

VARA DE CASTILLA = Vare de Castille.
   Nota. Esta medida vale 31 pulgadas de Francia.
   VARA ó ASTA DE HIERRO PARA BOMBA = Verge *ou* Gaule de pompe.

VARENGA = Membre d'un navire.
   VARENGA MAESTRA, QUADERNA MAESTRA = Maîtresse varangue—Maître couple.
   VARENGAS DE UN BOTE = Liûres *ou* Genoux d'un canot.
   VARENGAS CAPUCHINAS = Couples élancés de l'arrière *ou* de l'avant.
   VARENGAS LEVANTADAS, PIQUES, PIQUES CAPUCHINOS = Varangues acculées.
   VARENGAS POCO LEVANTADAS = Varangues demi-acculées.
   VARENGAS LLANAS, PLANES ó VARENGAS PLANES = Couples principaux, *ceux qui, placés au milieu d'un bâtiment, ont le moins d'acculement*—Varangues du milieu.
   VARENGAS PIQUES = Couples qui, *sur l'avant et l'ar-*

rière des premiers ou principaux; commencent à prendre de l'acculement.

VARIACION DE LA AGUJA = Variation de l'aiguille.

VARIACION N E, N O = Variation N E, N O.

VARLETE = Valet de menuisier.

VARONES DEL TIMON, GUARDAS DEL TIMON = Sauvegardes du gouvernail.

VARRADA (*voyez* BARRADA).

VARRAR (*voyez* BARRAR).

VELA = Voile.

    VELA DE CANGREJA = Voile aurique.

    VELA DE ESTAY = Voile d'étai.

    VELA DE FORTUNA = Voile de fortune.

    VELA LATINA = Voile latine.

    VELA DE ABANICO = Voile à livarde.

    VELA DE CRUZ, VELA REDONDA = Voile quarrée.

    Nombres de las velas de un navío de guerra = Noms des voiles d'un vaisseau de guerre.

    LA VELA MAYOR = La grand'voile.

    LA VELA DE TRINQUETE = La voile de misaine.

    LA VELA DE MESANA = La voile d'artimon.

    LA VELA DE GAVIA = La voile du grand hunier.

    LA VELA DE VELACHO = La voile du petit hunier.

    LA VELA DE SOBREMESANA = La voile de perroquet d'artimon *ou* Le perroquet de fougue.

    LA VELA DE JUANETE MAYOR = La voile de grand perroquet *ou* Le grand perroquet.

    LA VELA DE JUANETE DE PROA = La voile du petit perroquet *ou* Le petit perroquet.

    LA VELA DE SOBREJUANETE MAYOR = La voile du grand perroquet volant *ou* Le grand perroquet volant.

La vela de sobrejuanete de proa = La voile du petit perroquet volant *ou* Le petit perroquet volant.

La vela de periquito = La voile de la perruche d'artimon *ou simplement* La perruche.

La vela de estay mayor = La grand'voile d'étai.

La vela de humo *ó* **vela de estay de mesana** = La voile d'étai d'artimon *ou* Foc d'artimon.

La vela de estay de gavia = La grande voile d'étai de hune *ou* La voile d'étai du grand hunier.

La vela de estay volante = La petite *ou* seconde voile d'étai de hune *ou* Contre-voile d'étai du grand hunier.

La vela de estay del juanete mayor *ó* **vela volante** = La voile d'étai de grand perroquet.

La vela de estay de sobremesana = La voile d'étai du perroquet de fougue, La voile d'étai de fougue *ou* Le diablotin.

La vela de estay de periquito = La voile d'étai de la perruche.

La vela de estay de sobreperiquito = La voile d'étai de la perruche volante.

La vela de cebadera *ó* **cebo** = La voile de civadière.

La vela de contracebadera *ó* **contracebo** = La voile de contre-civadière.

La vela maricangaya *ó* **ala de mesana** = La voile de paille-en-cul.

Partes y accesorios de una vela = Parties et accessoires d'une voile.

Caida de una vela = Chûte d'une voile.

El seno de una vela = Le fond d'une voile.

Los rizos = Les garcettes de ris.

Los garruchos = Les herseaux.

Ollado de los rizos = Œil de pie pour les ris.

Dados de las velas = Pattes des voiles.

El puño = Le point.

Envergues = Les rabans d'envergure.

Tomadores = Les rabans de ferlage.

Empuñiduras = Les rabans de pointure.

Relingas = Ralingues.

Relinga de la caida = Ralingue de chûte.

Relinga del pujámen = Ralingue du fond.

Relinga del gratil = Ralingue de tétière.

Recoser las costuras de una vela = Renforcer les coutures d'une voile.

Los rizos = Les ris.

Faxas de rizo = Bandes de ris.

Batidero de una gavia = Tablier d'un hunier.

Gratil de una vela = Envergure d'une voile.

Vela aferrada = Voile serrée.

Vela amurada = Voile amurée.

Vela arriáda = Voile amenée.

Vela cargada = Voile carguée.

Vela cazada = Voile bordée.

Vela deralingada = Voile déralinguée.

Vela encatillada = Voile capelée sur une vergue ou sur un étai par le vent.

Vela en pacha = Voile coiffée ou sur le mât.

Vela largada = Voile deferlée.

Vela llena ó aguantada = Voile pleine.

Vela orientada = Voile appareillée.

Vela de respeto = Voile de rechange.

Vela rifada = Voile défoncée.

La vela toca ó flamea = La voile fasie ou faseye.

La vela porta = La voile porte.

La vela no porta = La voile ne porte pas.

Las velas de proa = Les voiles de l'avant.

Las velas de popa = Les voiles de l'arrière.

Las velas altas = Les voiles hautes.

Las velas mayores, las velas baxas = Les basses voiles.

Las velas de los foques (*voyez* FOQUE).

Estar á la vela = Être sous voile.

Dar á la vela, hacerse á la vela = Mettre sous voile, Faire voile.

Hacer toda fuerza de vela = Mettre toutes voiles dehors.

Acortar de velas = Diminuer de voiles.

Juego de velas = Jeu de voiles.

VELACHO = Petit hunier.

Mastelero de velacho = Petit mât de hune.

Verga de velacho = Vergue de petit hunier.

Vela de velacho = Voile de petit hunier.

VELAMEN = Voilure.

Velámen grande = Grande voilure.

Estado del velámen = État de la voilure.

El velámen de un barco = Tous les jeux de voile d'un bâtiment.

Todo el velámen está bueno = Toute la voilure est bonne.

El barco tiene su velámen completo = Le bâtiment a sa voilure complète.

Arreglar su velámen = Régler sa voilure.

Estar sobre el mismo velámen = Être sous la même voilure.

Acortar, aumentar su velámen = Diminuer, augmenter sa voilure.

VELAR = Assécher, Découvrir, *en parlant des roches.*

LAS PIEDRAS VELAN, EL ARRECIFE VELA = Les roches assèchent, découvrent.

ROCA QUE VELA = Roche qui veille.

BOYA QUE VELA = Bouée qui veille.

VELERO = Voilier, *ouvrier.*

BUEN VELERO = Bon voilier.

MAESTRO VELERO = Maître voilier.

AYUDANTE VELERO = Aide-voilier.

BARCO VELERO, BARCO BUEN ANDADOR = Bâtiment bon voilier, marcheur.

BARCO MAL VELERO, BARCO POCO ANDADOR *ó* POCO VELERO = Bâtiment mauvais voilier.

VELICO, PUNTO VÉLICO = Point vélique.

VENDAVALES = Vents de Sud, Vents de la partie du Sud.

VENIR EN DEMANDA DE UN CABO = Venir à la demande, Venir à l'appel d'un cordage.

VENIR DE ORZA *ó* VENIR DE LOO, ORZAR, CEÑIR EL VIENTO = Venir au vent, Loffer.

VENIR CON EL VIENTO POR LA PROA = Venir debout au vent.

VENIR CON VIENTO EN POPA = Venir vent arrière.

NO VIENES AL VIENTO! = Ne viens pas au vent!

NO VIENES SOBRE ESTRIBOR! = Ne viens pas sur tribord!

VENIR Á BORDO = Venir à bord.

VENIR RIO ABAXO, BAXAR UN RIO = Descendre une rivière.

VENTARRON, VENTARRON RECIO = Gros vent lourd.

VENTEAR = Venter.

VENTEAR POR TURBONADAS = Surventer.

VENTOLINA = Fraicheur, Vent foible *ou* Brise folle.

VERDIN DE UN NAVÍO = Fond plein de mousse, un vaisseau verd.

VERGA = Vergue.

    VERGA MAYOR = Grande vergue.

    VERGA DE TRINQUETE = Vergue de misaine.

    VERGA DE GAVIA = Vergue de grand hunier.

    VERGA DE VELACHO = Vergue de petit hunier.

    VERGA DE JUANETE MAYOR = Vergue de grand perroquet.

    VERGA DE SOBREJUANETE MAYOR = Vergue de grand perroquet volant.

    VERGA DE JUANETE DE PROA = Vergue de petit perroquet.

    VERGA DE SOBREJUANETE DE PROA = Vergue de petit perroquet volant.

    VERGA DE MESANA = Vergue d'artimon, Pic *ou* Corne d'artimon.

    VERGA SECA = Vergue sèche *ou* barrée.

    VERGA DE SOBREMESANA = Vergue de perroquet de fougue.

    VERGA DE PERIQUITO ó DE JUANETE DE SOBREMESANA = Vergue de perruche.

    VERGA DE CEBADERA = Vergue de civadière.

    VERGA DE SOBRECEBADERA ó DE CONTRACEBADERA = Vergue de contre-civadière.

    VERGA DE ALA = Vergue de bonnette.

    VERGA DE MARICANGAYA = Vergue de paille-en-cul *ou* de tangon.

    VERGA DE RESPETO = Vergue de rechange.

    VERGA DE TREO, VERGA DE FORTUNA = Vergue de fortune.

    VERGAS REDONDAS = Vergues quarrées.

VERGILLA = Bâton du guidon.

     VERGILLA DE ACERO PARA AGUJA = Aiguille aimantée sans être garnie de son carton.

VERTELLO DE CANAL = Pomme gougée — Margouillet.

     VERTELLOS DE RACAMENTO = Pomme de racage.

VERTEDOR = Escope *ou* Écope à main.

VETA (*voyez* BETA).

VESTIR *ó* GUARNECER UN PALO *ó* UNA VERGA = Garnir un mât *ou* une vergue.

     VESTIR *ó* GUARNECER EL CABRESTANTE = Garnir le cabestan.

VIAGE, TRAVESÍA = Voyage, Traversée.

     VIAGE LARGO = Voyage de long cours.

     PONER EL ÁNCLA Á BUEN VIAGE = Mettre l'ancre à poste pour aller à la mer.

VICHERO (*voyez* BICHERO).

VIENTO = Vent.

     BUEN VIENTO = Bon vent.
     VIENTO CONTRARIO = Vent contraire.
     VIENTO BONANCIBLE = Petit frais.
     VIENTO ENTABLADO = Vent tenace à la même partie.
     VIENTO ESCASO = Vent au plus près.
     VIENTO DEL ESTE = Vent de l'Est.
     VIENTO FORMADO = Vent fait.
     VIENTO FRANCO = Vent franc.
     VIENTO FRESCO = Vent joli frais.
     VIENTO GENERAL = Vent alisé *ou* de la mousson.
     VIENTO DE JUANETES = Temps à perroquets.
     VIENTO LARGO, VIENTO ABIERTO = Vent largue.
     VIENTO DEL LARGO = Vent du large.
     VIENTO DEL MAR *ó* DE FUERA = Vent de mer, Brise du large.

VIENTO

Viento del Norte = Vent du Nord.

Viento furioso de Norte, anordía = Anordie *ou* un fort vent du Nord.

Viento del Oeste = Vent de l'Ouest.

Viento de tal parte = Vent de telle partie.

Viento en popa = Vent arrière *ou* Vent en poupe.

Viento por la proa = Vent debout, Vent devant.

Viento á la quadra = Vent grand largue.

Viento del Sud = Vent du Sud.

Viento terral, viento de tierra = Vent de terre, Brise de terre.

Viento de travesía = Vent qui bat en côte, Vent traversier.

Viento variable = Vent variable.

El viento abonanza, el viento se va afloxando, afloxa el viento = Le vent mollit, le vent tombe.

El viento está en calma = Le vent a calmé, il y a un calme plat, le vent est au conseil.

El viento cambia, el viento salta = Le vent change.

El viento empieza á soplar por la parte del Norte, del Sud = Le vent se range au Nord, au Sud.

El viento va refrescando = Le vent fraîchit.

El viento está á pique = Le vent est à pic, il n'y a plus de mer.

El viento recala = Le vent reprend, recommence à souftler de la même partie.

Recalada de viento = Reprise de vent.

Los vientos vienen de tierra = Les vents viennent de terre.

Ceñir el viento = Serrer le vent.

Mantenerse al viento = Se maintenir au vent.

Quitar el viento = Déventer.

De donde viene el viento? = D'où vient le vent?

Viento del rastrero = Patte d'oie pour bonnette basse.

Los vientos de la servioleta ó vientos del pescante de la amura = Haubans du minot *ou* Portelof.

Los vientos ó pataraes del bauprés = Les haubans de beaupré.

VIGIA = Vigie, Guetteur.

Vigía, baxío = Vigie, Danger.

VIGOTA = Cap de mouton.

Vigota herrada = Cap de mouton ferré.

Vigota herrada de planchuela = Cap de mouton à latte, Latte de hune pour les caps de mouton.

Culo de una vigota = Tête d'un cap de mouton.

VINATERA de la vela de estay de gavia = Chambrière de la voile d'étai de hune.

VIRADA de bordo = Virement de bord.

Faltar la virada = Manquer à virer.

VIRADOR de un palo = Guinderesse d'un mât.

Virador de cubierta, virador de combes = Tournevire.

Barriletes del virador de cubierta = Pommes *ou* Boutons de tournevire.

VIRAR = Virer.

Apareja para virar! = Pare à virer!

Virar de bordo = Virer de bord.

Virar por delante = Virer vent devant.

Virar por redondo = Virer vent arrière, Virer lof pour lof.

Vɪʀᴀʀ ᴘᴏʀ ʟᴀ ᴄᴏɴᴛʀᴀᴍᴀʀᴄʜᴀ = Virer par la contre-marche.

Vɪʀᴀʀ ᴀʟ ᴄᴀʙʀᴇꜱᴛᴀɴᴛᴇ = Virer au cabestan.

Vɪʀᴀʀ ᴇʟ ᴄᴀʙʟᴇ ᴄᴏɴ ᴇʟ ᴄᴀʙʀᴇꜱᴛᴀɴᴛᴇ = Virer le cable avec le cabestan.

Vɪʀᴀʀ ᴇʟ ᴄᴀʙʟᴇ ᴄᴏɴ ᴇʟ ᴠɪʀᴀᴅᴏʀ ᴅᴇ ᴄᴜʙɪᴇʀᴛᴀ = Virer le cable avec la tournevire.

Vɪʀᴀʀ ᴇʟ ᴄᴀʙʟᴇ ᴄᴏɴ ᴇʟ ᴍᴏʟɪɴᴇᴛᴇ = Virer le cable avec le virevaut.

Vɪʀᴀʀ ꜱᴏʙʀᴇ ᴇʟ ᴀ́ɴᴄʟᴀ = Virer sur l'ancre.

Vɪʀᴀʀ ᴀ́ ᴘɪQᴜᴇ = Virer à pic.

VIRAZON, ᴠɪᴇɴᴛᴏ ᴅᴇʟ ᴍᴀʀ *ó* ᴅᴇ ꜰᴜᴇʀᴀ = Vent de mer, Brise de mer, Brise du large.

VIROLA, ɢᴀɴᴄʜᴏ ᴅᴇ ᴠɪʀᴏʟᴀ = Croc à émérillon.

Gᴀɴᴄʜᴏ ᴅᴇ ᴠɪʀᴏʟᴀ ᴄᴏɴ ɢᴜᴀʀᴅᴀᴄᴀʙᴏ = Croc à émérillon et à cosse.

VISITA ᴅᴇ ᴠɪ́ᴠᴇʀᴇꜱ = Visite de vivres.

Dᴇᴄʟᴀʀᴀᴄɪᴏɴ ᴅᴇ ᴠɪꜱɪᴛᴀ = Procès-verbal de visite.

VISTA ᴅᴇ ᴄᴏꜱᴛᴀ = Vue de côte.

Tɪᴇʀʀᴀ ᴇɴ ᴠɪꜱᴛᴀ = Terre en vue.

VITAS (*voyez* ʙɪᴛᴀꜱ).

VIVERES = Vivres.

Vɪ́ᴠᴇʀᴇꜱ ᴅᴇ ᴄᴀᴍᴘᴀɴ̃ᴀ = Vivres de campagne.

Vɪ́ᴠᴇʀᴇꜱ ᴅᴇ ᴅɪᴀʀɪᴏ = Vivres du journalier.

Tᴇɴᴇʀ ᴘᴏʀ *N* ᴅɪᴀꜱ ᴅᴇ ᴠɪ́ᴠᴇʀᴇꜱ = Avoir *N* jours de vivres.

Hᴀᴄᴇʀ *ó* ᴛᴏᴍᴀʀ ᴠɪ́ᴠᴇʀᴇꜱ = Faire ses vivres.

Dᴀʀ ᴠɪ́ᴠᴇʀᴇꜱ ᴀ́ ᴜɴ ʜᴏᴍʙʀᴇ = Donner des vivres à un homme.

Pʀᴏᴠᴇᴇᴅᴏʀ ᴅᴇ ʟᴏꜱ ᴠɪ́ᴠᴇʀᴇꜱ ᴅᴇ ᴍᴀʀɪɴᴀ = Munition-naire des vivres de la marine.

Maestre de víveres = Commis aux vivres, Maître-commis.

Barco que lleva víveres = Bâtiment vivrier.

VIVERO = Vivier.

VOGA (*voyez* boga).

VOLANTE, sobrejuanete volante = Contre-catacoi.

Burda volante = Galhauban volant de perroquet.

VOLAR = Sauter en l'air.

VOLTAR, tornar = Tourner *ou* Renverser.

VOLUNTARIO = Volontaire.

VOLVER á tomar su puesto = Reprendre son poste.

VUELTA = Nœud.

Vuelta de braza, vuelta de arpeo = Nœud d'anguille.

Vuelta de cadena = Nœud de chaine.

Vuelta de escota = Nœud d'écoute.

Vuelta de eslinga = Nœud d'élingue.

Vuelta portuguesa = Portugaise, *sorte d'amarrage.*

Vuelta de boza = Amarrage à fouet — Laguis.

Vuelta = Bouge, *terme de construction.*

Vuelta de los baos = Bouge *ou* Tonture des baux.

Vuelta, bordada = Bordée.

Tomar la vuelta de tierra = Prendre la bordée de terre, Rallier la terre.

Tomar la otra vuelta = Mettre à l'autre bord.

Vuelta = Tour.

Media vuelta, cruz = Demi-tour.

Vuelta redonda = Tour mort.

Tener vueltas en los cables = Avoir des tours dans les cables.

Quitar vueltas al cable = Dépasser les tours du cable.

XABEQUE = Chebec, *sorte de bâtiment à voiles et à rames.*

XARCIA, CABO = Cordage — Filin.

XARCIA DE PRIMERA SUERTE = Cordage *ou* Filin de premier brin.

XARCIA DE SEGUNDA SUERTE = Cordage *ou* Filin du second brin.

XARCIA AGUINDALEZADA = Cordage *ou* Filin travaillé en aussière.

XARCIA ALQUITRANADA = Cordage *ou* Filin goudronné.

XARCIA BLANCA = Cordage blanc, Franc filin.

XARCIA QUE TIENE MUCHO COLCHE, XARCIA DEMASIADO COLCHADA = Cordage trop tors.

XARCIA DE ENTRAÑADURA = Cordage *ou* Filin à congréer.

XARCIA EXCLUIDA = Cordage *ou* Filin condamné.

XARCIA DE RESPETO = Cordage *ou* Filin de rechange, Manœuvre de rechange.

XARCIA ALTA = Manœuvre haute.

XARCIA BAXA = Manœuvre basse.

XARCIA DE UN BUQUE = Agrès *ou* Gréement d'un navire.

TABLAS DE XARCIA = Les haubans d'un bâtiment (*voyez* OBENQUE).

XEFE DE ESQUADRA = Chef d'escadre, Contre-Amiral.

Y A Q.

YAQUE, ESPECIE DE BARCO INGLES = Yach, sorte de bâtiment anglais.

YUGO principal = Barre *ou* Lisse d'hourdi.

    Yugo de la primera cubierta = Barre du premier pont.

    Contrayugo = Barre d'écusson *ou* d'arcasse.

ZAP

ZAFAR, aclarar = Parer — Dégager.

    Zafar la batería = Dégager la batterie.

    Zafar un cabo = Parer *ou* Dégager une manœuvre.

    Zafa cabo ! = Pare manœuvre !

    Zafar ó adujar un cabo = Cueillir une manœuvre.

    Zafar ó quitar tablas = Découdre *ou* Délivrer des bordages.

    Estar zafo de puntas = Être au large, Être décapé.

ZAFARANCHO ! = Branle-bas !

    Zafarancho general de combate ! = Branle - bas général de combat !

    Zafarancho de limpieza ! = Branle-bas de propreté !

ZALOMAR (*voyez* salomar).

ZAMBULLIR ó estar zambullido, dar zambullidas = Plonger, Donner la cale.

ZAPATA del áncla = Savatte d'une ancre.

    Zapata del codaste = Talon de l'étambot, Talon de la quille.

    Zapata de la quilla = Fausse-quille.

ZAPATEAR, gualdropear, dar socolladas = Battre, *en parlant des voiles qui battent lorsqu'on les cargue par un gros temps.*

ZARPAR ó levar un áncla = Lever *ou* Relever une ancre.

Zarpar *ó* levar el áncla con la lancha = Lever l'ancre avec la chaloupe.

ZATA *ó* zatera (*voyez* jangada).

ZELOSO, bote zeloso = Canot volage.

ZOZOBRAR = Sombrer sous voile, Chavirer, Cabanner.

ZULAQUE = Courai *ou* Mastic fait avec de la chaux et de l'huile — Galgale.

ZUNCHO (*voyez* suncho).

Fin de la segunda Parte.

ERRATAS.

Página 24 *líneas* 5 *y* 6 , *decid* A RECLAMAR *en lugar de* ARRE-
CLAMAR.

— 24 *lín.* 8, *decid* A RECLAMADAS *en lugar de* ARRECLAMADAS.

— 41 *lín.* 30, *decid* Gueule de loup *en lugar de* Gueule de raie.

— 160 *lín.* 14, *decid* MASILLA *en lugar de* MASSILLA.

www.ingramcontent.com/pod-product-compliance
Lightning Source LLC
La Vergne TN
LVHW012005170726
843503LV00001B/244

9 782329 476759